鉄道史の仁義なき闘い

鉄道会社ガチンコ勝負列伝

所澤秀樹 著

創元社

鉄道史の仁義なき闘い——鉄道会社ガチンコ勝負列伝　目次

第一戦　官設鉄道VS関西鉄道

〈写真図版出典一覧〉括弧内は本書掲載頁数

木下立安『帝国鉄道要鑑 第一版』鉄道時報局、一九〇〇年（12）／植村澄三郎編『呑象高島嘉右衛門翁伝』一九一四年（16）／『近世名士写真』近世名士写真頒布会、一九三四年（19、57、80、144）／日本国有鉄道『日本国有鉄道百年写真史』交通協力会、一九七二年（21、22、26、30上下、45、48、70、74）／村井正利編『子爵井上勝君小伝』井上子爵銅像建設同志会、一九一五年（27）／島田清編『ふるさとの想い出 写真集 明治大正昭和 大阪（下）』国書刊行会、一九八六年（37、86、90、97、100、109）／片岡直温『大正昭和政治史の一断面 続・回想録』西川百子居文庫、一九三四年（55）／三田商業研究会編『慶應義塾出身名流列伝』実業之世界社、一九〇九年（78）／朝日新聞経済記者共編『財界楽屋 新人と旧人』日本評論社、一九二四年（82）／故古市男爵記念事業会編『古市公威』一九三七年（83）／宮本又次『キタ 風土記大阪』ミネルヴァ書房、一九五六年（85、98）／御影町『御影町誌』一九三六年（91）／故岩下清周君伝記編纂会編『岩下清周伝』一九三一年（94）／今西林三郎著、小松光雄編『今西林三郎遺文録』一九二五年（113）／朝日新聞社編『五十年の回顧 大阪朝日新聞創刊五十周年記念』一九三四年（115）／片岡直輝翁記念誌編纂委員会編『片岡直輝翁記念誌』一九二八年（116）／阪神急行電鉄株式会社編『阪急沿線案内』一九一四年（118、138）／日本建築協会『建築と社会』第一五巻第二号、一九三一年（123）／兵庫県観光協会編『観光地スタンプ巡り』一九三五年（128）／改造社編『日本地理大系 第7巻 近畿編』改造社、一九二九年（129）／阪神電気鉄道編『輸送奉仕の五十年』一九五五年（135）／東京地下鉄道株式会社編『東京地下鉄道史 乾』一九三四年（143、144、156、157、160、161）／報知新聞社通信部編『名士の少年時代 新人国記』平凡社、一九三〇年（145）／『東横百貨店』百貨店日日新聞社、一九三九年（164、172）／筑井正義『堤康次郎伝』東洋書館、一九五五年（185）

第一戦

官設鉄道VS関西鉄道

Ⅰ　名阪間の歴史的抗争

語り継がれるあまたの競合

何の商売であっても、その多くの場面において、同業者の〝商売敵〟というやつが必ずといっていいほど現れるものである。

〝鉄道稼業〟とて、決して例外ではない。

建設に多額の資本を要する鉄道を、同一地点間、同一ルートで複数敷設するのは経済効率がすこぶる悪い。したがって鉄道事業は地域独占となりがちだが、わが国の場合、必ずしもそうではなかった。狭い平野部に人口が集中し、それらが帯状に連なっていることもあって、とりわけ主要な都市間を中心に、複数の会社が競合することも珍しくはない。

関西地方では、大阪から京都、神戸、奈良、和歌山など、各方面の都市間において、まるで必然がごとくに鉄道の競合状態を眼にすることができ、ところによっては三つ巴の混戦を世に披露している。

関東でも、東京対横浜、藤沢、小田原、八王子、川越、成田ほかの都市間で競合を見、中京も豊橋〜名古屋〜岐阜間や名古屋〜四日市〜津〜松阪〜伊勢市間といった激戦区を擁す。

この中京地方の中心地名古屋と、別の経済圏である関西地方の大阪との間も、旧国鉄、現ＪＲと近鉄

（近畿日本鉄道）との歴史的抗争が名高い。

今はＪＲのほうが時間的には断然優位だが、東海道新幹線が開業する昭和三九（一九六四）年以前の一時期は、こと名阪間の旅客に限ってみた場合、その輸送シェアは近鉄七に対して国鉄三という逆転の事実が存在している。近鉄特急に、二階建てのビスタカーがお目見えしたころの話である。

近頃の人は、急ぐならばＪＲ東海の新幹線、少し時間がかかっても廉価で快適に行きたいならば近鉄特急といった選別の具合で、これに「青春18きっぷ」の発売シーズンともなれば、ＪＲ東海・ＪＲ西日本の東海道本線「新快速」乗り継ぎルートが選択肢に加わる。

名阪間は鉄道が三本も競合しているものの、それなりに棲み分けができているといった印象である。おっといけない、忘れていた。時間などは問題とせず、のんびりゆっくりローカル線の優雅さを味わいたいとおっしゃる風雅な御仁ならば、関西本線での移動を、お選びになるかもしれない。

亀山を境に、ＪＲ東海とＪＲ西日本が分担する関西本線は、ご承知のように名古屋寄りと大阪寄りの区間こそ、颯爽《さっそう》と快速電車が走っているが、中間部はワンマン運転のディーゼルカーが一両ないし二両でとぼとぼ走る寂寞《じゃくまく》とした〝本線〟である。時代から完全に取り残されたというべきか、まあ、名阪間を急ぐ人にはまったく無縁な存在と化している。加太《かぶと》越えや笠置《かさぎ》あたりの渓流沿いを走るところなどは、ほんとうに長閑《のどか》の一言に尽きる。

〝仁義なき闘い〟の嚆矢、官設鉄道と関西鉄道

ところが、である。今はそんな無欲な関西本線の意外な前歴を教えられたならば、さような体たらくが信じられなくなるのは、おそらく私に限った話でもなかろう。

なにしろ近鉄などが生まれるはるか前、明治の御代は三十年代に、名阪間で逓信《ていしん》省鉄道作業局が営む官設鉄道（官鉄）東海道線の向こうを張って、共倒れ寸前の運賃のダンピング、弁当やおみやげの大盤振る舞いなどなど、過激なる旅客・貨物獲得戦略を弄し、後世に語り継がれる熾烈な競争——まさしく鉄道間の〝仁義なき闘い〟を華麗に演じきった私鉄の雄「関西鉄道」こそが、関西本線の前身なのである（関西鉄道の「関西」の読みは「カンサイ」ではなく「カンセイ」説が有力である）。この件に関しては、戦後の公共企業体・日本国有鉄道が刊行した『日本国有鉄道百年史』第四巻にも、以下のように要約されている。

明治三五年八月、名古屋〜大阪間における旅客・貨物運賃に関して、官設鉄道との競争を引きおこした。互いに運賃を引き下げて旅客および貨物を確保しようとし、また、さらには物品贈与などによってさえ乗車を勧誘しようとした。しかし、余りに激しい競争は互いの不利益になるとして、同年九月二五日互いに覚書を交換し一応競争を終わらせた。

しかし明治三六年になって、関西鉄道は経済界の不振に伴う収入減退により、これを救うべき新計画として運賃を引き下げ、そのため再び競争が行なわれることとなった。そこで、競争の中心地である名古屋の商工会議所［原文ママ］は、貨物運賃不定のため商取引上不安であること、また、競

争のため貨物積み込みの取扱いが粗雑となり、過積混積の弊害が生じること、などの競争による弊害をあげ、逓信大臣に建議した。これにより調停が開始され、四月二五日協定書が成立し、五月全く競争は終息したのである。

日本国有鉄道の前身である鉄道省が大正一〇（一九二一）年に刊行した『日本鉄道史』中篇においても、抗争の様子がかなりの頁を割いて、詳しく記述されているので（文章は戦前の文語体のため、現代人には読みづらいかもしれないが）、よほど凄まじい争いであったことは想像に難くない。

かかる官設鉄道と関西鉄道との諍《いさか》いこそは、わが国における鉄道会社同士の競合、いわば〝仁義なき闘い〟との事始めといえよう（三八頁に明治三三年当時の名阪間路線図あり）。

2　明治期の鉄道業界の事情

官と民との共同作業

当時の関西鉄道の路線規模は、現在の近鉄のそれと肩を並べるほどのものであった。営業テリトリー、すなわち縄張りとする地域もよく似ている。

それにしても、明治三〇年代といえば、鉄道草創期と言って良さそうな時期である。見方によっては、かように早い段階で「お上何するものぞ」という大私鉄が存在したこと自体、驚くべきことだろう。かような勇猛果敢な大私鉄はいかにして生まれたのであろうか。

本題の官鉄対関西鉄道の抗争談に入る前に、明治期の鉄道業界の事情をおさらいしておく必要があるかもしれない。

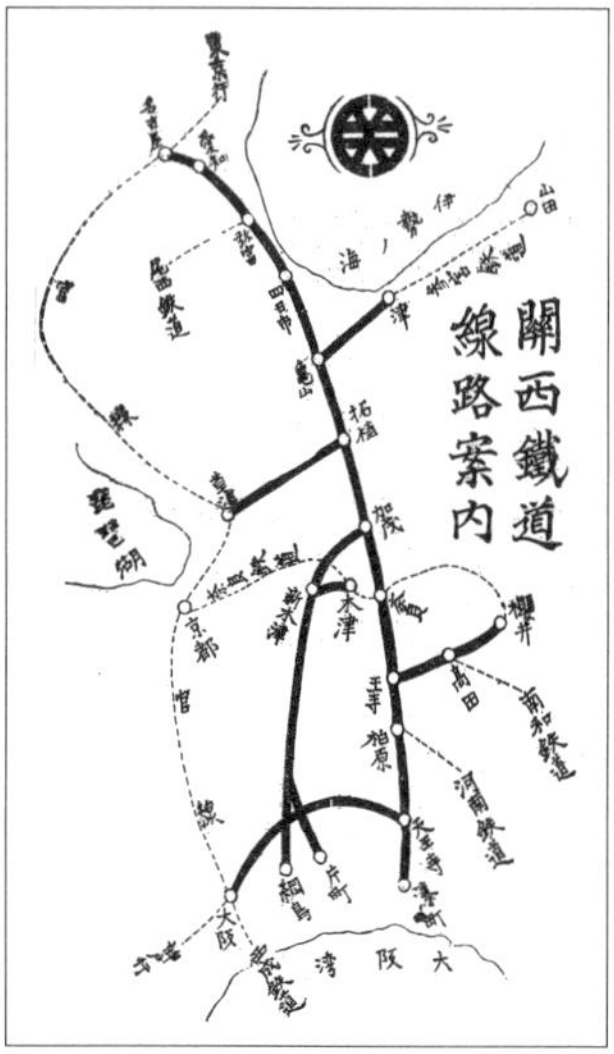

関西鉄道路線図（明治33年）

明治期の鉄道建設を一言で要すれば、〝官と民との共同作業〟であった。そして、私鉄に負うところが実に大きかったのである。

明治三九（一九〇六）年三月末日段階でのわが国（台湾を除く）の鉄道総延長（軌道を除く）は四七八三マイル（約七六九〇キロメートル）だが、うち私鉄（私設鉄道）は六八パーセントの三二五一マイル（約五二三〇キロメートル）を占めていた。私鉄に負うところがいかに大きかったか、この数字を見れば、よくおわかりいただけよう。

明治三年にイギリス人技師エドモンド・モレルらが、東京は芝口汐留付近で測量を開始したことに端を発する日本の営業用鉄道建設は、明治五年五月七日（太陰暦。太陽暦では六月一二日）にまず品川～横浜間が仮開業、続いて同年九月一二日（同。太陽暦では一〇月一四日）には、新橋～横浜間の本開業をみる。

さらに明治七年五月一一日には大阪～神戸間も開業し、以降も大阪から向日町、京都、大津へと着々と線路を延ばしていく。

これら一連の鉄道は、政府機関のひとつである工部省鉄道寮（→工部省鉄道局）が自ら建設・運営を担った官設鉄道であった（明治四〇年ごろまでは、国有鉄道を官設鉄道〔官鉄〕と呼ぶのが一般的であったようである）。明治三年の測量開始からわずか四年余りの鉄道敷設状況をみれば、明治新政府の鉄道に対する力の入れようが窺えよう。しかしながら、明治一〇年二月の京都～神戸間正式開業後の官設鉄道の建設は、思うように進まなかった。

民間資本の導入

当初、東西両京を結ぶ幹線鉄道は中山道ルートに建設することが決まっていたが、紆余曲折を経て東海道ルートに変更された。この大幹線の全通は、明治二二年七月まで待たなければならない。で、それ以外の幹線はといえば、私設鉄道、すなわち世に言う「私鉄」として建設が進められていたものが多かった。

東京～前橋間およびその途中から分岐して青森へ至る路線の建設を当初の目的として、明治一四年に設立された日本鉄道会社がその草分けであり、九州鉄道や山陽鉄道などがその後に続いていく。

実のところ、明治新政府は、全国的な鉄道網を必ずしも、すべて自らの手で建設するつもりではなかったらしい。

鉄道網の拡充による陸上交通の近代化は、封建的割拠思想を排除して、新しい中央集権型の国家統一を促進するうえでも、また、資本主義の急速なる育成のためにも、重要な武器となることは明治政府も重々承知していたはずである。とはいえ、なにせ建設には莫大な資金を必要とする。当時、明治新政府は多大な負債に苦しんでいた。幕末の混乱に内戦、明治初頭に続発した士族反乱の鎮圧に失業武士への対策、そして江戸期の各藩の負債肩代わりや、元藩主への家禄支給などなど、全国規模で鉄道を整備するだけの財政的余裕などあるはずはなかった。

では、外資を導入してはどうかとなろうが、これは欧米列強による日本植民地化の危険が伴うので、極力回避したいところである。

で、あるならば、民間資本を導入しての鉄道建設しか道は残されていなかろう。

東京（新橋）〜横浜間鉄道と、続いて開業した大阪〜神戸間鉄道、京都〜大阪間鉄道は、国際貿易港とわが国の中心的都市を結ぶという目的以外に、商人などの民間人に鉄道建設と経営の手本を示そうという意図が込められていたのである。

その〝手本〟がおかげさまで開業後、好調を維持、やがて日本鉄道の誕生へとつながっていく。政府にしてみれば、してやったりであろう。

本題から大きくかけ離れるが、最初の幹線系私鉄、日本鉄道誕生までの経緯は、おおよそ以下のごとくである。

3　私設鉄道誕生の動き

官設か、私設か

開業後の東京～横浜間鉄道の順調な経営状態を見て刺激されてか、民間人の間から、新規鉄道路線の建設や、既存の官設鉄道の払い下げを画策する動きが出てきた。

実際、東京～横浜間鉄道が開業するかしないかといった段階で、すでにそういった人物が現れている。

横浜の商人で、東京～横浜間鉄道の神奈川海中築堤建設工事を請け負った高島嘉右衛門《かえもん》なる人物（明治新政府高官の大隈重信、伊藤博文らに鉄道建設の必要性を訴えた人であり、のちに高島易断の開祖となる）から、明治四・五年ごろに東京～青森間鉄道建設の請願が政府に提出されているのである。

この計画は、各旧藩知事（江戸時代の藩主）の財産を政府が年七分の利息で一〇年間借用し建設費に充当、開通後は出資額に応じ

東京ハツ山下海岸蒸気車鉄道之図（三代歌川広重）

た配当を行うというものであった。ただ、これは認められなかった。というのも、政府内部に鉄道建設は官設方式で進めるべきと主張する勢力が存在していたからである。

まあ、鉄道建設・運営を司る工部省自体が当時、そう主張していたのであって、嘉右衛門が請願を提出した先は、その工部省なのだから、うまく事が運ぶわけがあるまい。

同じころ、京都～大阪間鉄道の建設・運営を目論む鉄道会社設立の動きも出ているが、これに対しても工部省は否定的な態度で臨んだ。しかるに、当の工部省が担う官設鉄道の建設それ自体が、士族反乱の総決算、西南戦争（明治一〇年二月勃発）の影響などによる政府財政の極端な悪化で遅々として進まない。そのため、民間による鉄道建設を行うべしとの声が、明治も一桁代後半ともなると、日毎に強まっていくのであった。

また、政府内でも、財政・通商政策の担当部署として鉄道政策にも発言力を持つ大蔵省は鉄道私設派であり、東京～横浜間鉄道の建設を推し進めた大隈重信、伊藤博文らも民間による鉄道建設が望ましいと考えていたらしい。

私設方式ならば、華族（江戸時代の藩主・公家などとその家族）らの家禄・家財などを建設資金にあてる道も開けてこよう。

高島嘉右衛門

私設鉄道建設の気運が高まる

話は前後するが、工部省に請願を突き返された嘉右衛門は、民間資本による鉄道建設の夢を諦めることなく、元公家で維新の立役者の一人である右大臣の岩倉具視に進言、さらに松平慶永、伊達宗城《むねなり》、徳川慶勝、毛利元徳といった華族らも味方につけることに成功する。

かかる一連の動きから、明治六（一八七三）年三月に華族有志より大政官に対して、東京～青森間鉄道と東京～新潟間鉄道の建設請願が出されたが、すでに政府は官設方式によるこの区間の鉄道建設を予定しており、華族内でも採算性に疑問を抱く者が出て、結局、計画倒れに終わってしまった。

それでも、諦《あきら》めのつかない華族有志らは、今度は開業後好調な東京～横浜間鉄道の払い下げを政府に働きかけた。これについては見事に成功して、明治九年八月には、ときの大蔵卿大隈重信および工部卿伊藤博文と蜂須賀茂韶《まさあき》ら華族二六名との間に「東京・横浜間鉄道払下条約」が結ばれるのであった。

このころ政府内では、将来的には官鉄線を民間に払い下げることが検討されていたという。今回のケースは、その試金石と考えられたのではなかろうか。

けれども、東京～横浜間鉄道民営化決定（条約締結）と同じ日に「金禄公債証書発行条例」が公布され（士族の持つ家禄を受け取る権利を没収し、代わって三〇年満期の国債交付を決めた条例）、華族の収入は減少を余儀なくされる。結果、今回の官鉄線払い下げも実現には至らなかったのである。

以降も民間による鉄道建設・運営の動きは後を絶たなかった。西南戦争収拾後の明治一一年、旧金沢藩士の林賢徳らが、士族援産（士族の生活支援施策）のため、金禄公債を抵当に資金調達を行って、東京

〜高崎間鉄道の建設と東京〜横浜間鉄道の払い下げを目論む。これに対し、大隈重信、伊藤博文、岩倉具視らは好意的であったというが、金禄公債を抵当にすることへの疑問の声などから、結局、この計画も頓挫した。毎度毎度、残念である。

が、その後、林は元老院議官の安場《やすば》保和《やすかず》を味方につけて、新たなる動きを起こす。まず、安場が内務卿の松方正義に近づき、政府が私設鉄道会社に対し利益保障を行うという約束の取り付けに成功する。明治一三年のことであった。

日本鉄道の設立

当時の政府財政は、西南戦争後のインフレーションと地租収入の伸び悩みから逼迫《ひっぱく》状態にあり、明治一三（一八八〇）年二月に出された東京〜高崎間鉄道（中山道鉄道の一部）の起工命令も取り消さざるを得ない事態に追い込まれていた。安場はそこを突いて、松方に迫ったという次第。私設鉄道会社を成功させるために、政府に利益保障を行わせるという案は、松方自身によるものともいわれている。

安場は、かかる約束事を手みやげに岩倉具視を訪ねた。日本が抱える経済を中心とする諸問題の解決には鉄道建設が特効薬であり、それを工部省などに任せていたのでは、路線網の充実もいつのこととなるのかさっぱりわからない、政府が利益保障を行うかたちで民間会社に鉄道建設を任せるべきと進言したのである。これに賛同した岩倉は、ついに一派に加わり、明治一四年一月二〇日、華族・士族有志らを公邸の一室に集め、蜂須賀茂韶、伊達宗城など一六名を新しい鉄道会社首唱発起人として選んだ。

岩倉はその席上、創立の必要性、線路計画、建設順序、出資の方法、政府保護の要請、出願手続などの大要を説明、参集者はみなこれに賛同したと伝えられる。

今回の事業は、華族、士族、平民の別なく協力して全国に鉄道を普及させる会社を創立するとの意図によるものであり、具体的には東京~前橋間と、その中間地点から分岐して青森に至る線路のほか、新潟に達する線路、中山道から敦賀に達して東西両京を結ぶ線路、羽前・羽後に至る線路、九州島内の門司から長崎・熊本に達する線路の建設を目標としていた。

右の各路線を単一の会社で経営するため、名称は「日本鉄道」とし、岩倉具視はこの事業をもって、第二の維新とする心構えで努力を惜しまないことを表明するのであった。

明治一四年二月下旬、岩倉は、埼玉、群馬、栃木、福島、宮城、山形、秋田、岩手、青森の各県令に書面をもって鉄道会社設立計画の趣意を伝え、株式の募集にあたっての協力を要請、さらには新聞などを通じ、国家富強の手段としての鉄道建設の必要性を国民に訴える。むろん、大隈重信、伊藤博文、寺島宗則、山田顕義ら四参議の同意も取り付けていた。

岩倉具視

岩倉の指導のもと、安場らは第十五国立銀行、三菱社などの協力を得ながら鉄道会社設立の準備を進め、五月二一日には、第十五国立銀行の頭取池田章政ほか四六一人の連名による「日本鉄道創立願書」および「特許請願書」を政府に提出。発起人の出資額は、第十五国立銀行一三〇万円、三菱関係約四五万円、天皇家など皇族から約三五万円、華族各個人から約七〇万円、皇族・華族・士族以外から約二〇〇万円で、その他を合わせて総額は約五七二万円となった。

願書は、欧米の先例からも民間会社こそが鉄道建設の担い手であるべきと考える政府高官の岩倉、大隈、伊藤らの意志を反映したものだから、基本的にはすぐに承認となり、八月には仮免許状も下付される。発起人はそれを受けて定款を作成し、一〇月に提出、政府は明治一四年一一月一一日に定款の認可と特許条約書を下付し、日本鉄道会社は無事成立を果たした。

当面の建設予定線路は、既述の通り東京〜前橋間と、その途中から分岐して青森までの区間であった。

4 私鉄創立ブームのなかで産声をあげた関西鉄道

「私設鉄道条例」の制定

わが国初の本格的な私鉄として誕生した日本鉄道ではあるが、実体は限りなく政府の役所に近いものがあった。

政府と日本鉄道の関係は「特許条約書」に示されており、その内容は政府による数多くの特典が与えられる代わりに、それなりの義務や制限事項も課せられるというもの。特典は、官有の土地・建物の無償貸付、民有の土地・建物買収の政府による代行、鉄道用地の国税免除、鉄道建設資金に対する政府による開業までの利子補給および開業後の配当保障、鉄道建設工事の工部省鉄道局への委託、など。義務は、政府の命令・監督に服従、政府の郵便・電信事業および軍・警察への協力、設立五〇年目以降は政府による買収が可能、定款・条約書に対する政府解釈の優先、などであった。

本来、政府自らが建設・運営すべき鉄道を、日本鉄道会社に代行させるという性格が色濃く表れているのが、この条約といえようか。

実際の工事においても、資材は政府が資金を立て替えてイギリスに発注、株金払い込み以前に着工させるため、建設費も政府が融資を行っている。最初の着工区間、東京（上野）～前橋間の業務分担を見ても、測量は工部省鉄道局、土地買収は政府の地方官、工事は工部省鉄道局、会計は日本鉄道といった具合である。

かかる政府の強力なバックアップ体制のもと、日本鉄道の建設は着々と進んで、明治一六（一八八三）年七月二八日の上野～熊谷間仮開業を皮切りに、本庄、新町、高崎と線路は伸び、

日本鉄道・上野駅構内（明治30年ころ）

山陽鉄道、広島駅開業のころ（明治27年）

明治一七年八月にはついに前橋（利根川西岸）へと達する。

一方、青森を目指す線路のほうも明治一八年以降、逐次、延伸が図られていく（明治二四年九月に大宮～青森間が全通。また、これとは別に官鉄線との連絡のため、赤羽～品川間の支線を明治一八年三月に開業させている。なお、明治二五年までは、列車の運転、車両検修、保線などの主要業務が工部省鉄道局〔→内閣直属鉄道局〕に委託された）。

路線開業後の日本鉄道会社の営業成績はすこぶるよく、巷《ちまた》の投資家は〝鉄道は儲かる商売である〟と気づき、同社が起爆剤となって私設鉄道の出願ブームが巻き起こった。そのピークは、明治二三年勃発の日本の資本主義が初めて経験した経済恐慌を挟んで二つあり、明治一八年から二二年までを〝第一次私鉄創立ラッシュ〟、明治二七年から明治三一年までを〝第二次私鉄創立ラッシュ〟と呼んでいる。

両者ともに多分に投機的な計画が数多く含まれていたものの、実際に開業する路線も決して少ない数ではなかった。この時期に開業した私設鉄道は、日本鉄道のように国の幹線鉄道網の一翼を担う大規模なものから、小規模な局地的なものまで多岐にわたっており、政府はそのうち、幹線系にあたる北海道炭礦《たんこう》鉄道、山陽鉄道、九州鉄道の各社に日本鉄道同様の手厚い保護政策をとっていく。

さらに、私設鉄道の相次ぐ出願から、政府は明治二〇年に、民間資本の鉄道に対する統一的な監督法規の「私設鉄道条例」の制定も行っている。これにより、軌間（ゲージサイズ、二本のレールの頭部内側の間隔のこと）ほか、建設・車両・保安関係の規格は原則、私設鉄道も官設鉄道と同じとすることが定められ（私鉄も官鉄と同等の水準を要求され）、実際の運転業務についても、運賃・輸送関係の制度を基本的には両者共通の体系で規制する方針がとられる。

目的は、有事の際の一貫輸送に加えて、経済政策の観点から、官鉄と私鉄、私鉄と私鉄相互間の競争が異常なかたちで弊害をもたらすのを防ぐためであった。

まあ、それはいいけれど、この条例制定によって、鉄道黎明《れいめい》期のイギリスのような、自由主義的鉄道政策に基づく、鉄道会社個々の自由な発想による技術発展や営業展開は、わが国の場合、こと「鉄道」に関してみれば、やりにくくなってしまったといえるのかもしれない。

関西鉄道の登場

かかる明治期の鉄道業界の背景を知らされれば、自由自在に官鉄に競争を挑んだ関西鉄道が、実に異例な存在であったかがよくわかる。関西鉄道は〝競争〟だけでなく、旅客サービス面においても先進的な施策を展開している。

上等（一等）は白色、中等（二等）は青色、下等（三等）は赤色という、客車の側面窓下の等級帯を、わが国で最初に採用したのは関西鉄道という。明治二九（一八九六）年一一月のことで、この色分けは、もともと切符の紙色に用いられていたものであった。文字の読めない人がまだ地方には多かった時代、誤乗防止におおいに役だったに違いない。

明治三一年一月には、客車内の照明として全国の鉄道で初めて電燈を導入する（それまでは燃料に種油・石油を使うランプが車内の照明器具として用いられていた）。これは官鉄よりも三ヵ月も早い採用であった。おまけに、この車内照明にイギリスから輸入のガス燈（ピンチガスを使用）を初めて用いたのも関西鉄道である。明治三四年三月ごろのことであり、当時、電燈の明るさが八燭光なのに対し、ガス燈は一〇燭光、加えて経費は電燈の半分で済んだというから実に優れものであった。経済性も重視する点なんぞ、なんとも私鉄らしい。

停車場のプラットホームに、駅名標とともに立ち並ぶ駅周辺の「名所案内標」を最初に導入したのも、関西鉄道という説が有力である（明治二六年に同社が採用したとされる）。

閑話休題、話を戻せば、「私設鉄道条例」は明治三三年一〇月に「私設鉄道法」へと改められる。このころになると、私鉄は官鉄と並んで日本の幹線網の多くを担当するようになり、よって、それにふさわしい厳格なる事業監督の規定を設ける必要があったという次第。

明治期のあまたある私鉄のなかでも、とくに路線距離や車両数、営業収入などにおいて大規模な鉄道に発展したのが、北海道炭礦鉄道、日本鉄道、関西鉄道、山陽鉄道、九州鉄道の五社であり、これを

表1　明治期の五大私鉄の概要（明治38年度）

	開業年	路線哩程（マイル）	停車場数	機関車数	客車数	貨車数	営業収入（円）
北海道炭礦鉄道	明治 20	207.51	50	71	102	1,505	2,939,993
日本鉄道	明治 16	860.15	204	172	847	5,731	13,184,256
関西鉄道	明治 22	280.17	99	102	561	1,069	3,057,949
山陽鉄道	明治 21	409.51	115	142	521	1,805	6,679,362
九州鉄道	明治 22	445.82	157	220	390	5,690	8,373,407

資料：『鉄道局年報　明治三十八年度』収載の私設鉄道株式会社表および車両表、運輸状況表より作成。
注：データは明治 39 年 3 月末現在、ただし車両数は明治 38 年末現在。

「五大私鉄」と呼んだ。

右のメンバーを見てみると、関西鉄道だけが政府による〝手厚い保護政策〟の蚊帳の外であることがわかる。それはそうだろう、お上の鉄道に闘いを挑むほどの反抗的な私鉄を、お上みずからが保護するというのも変である。

もっとも、名阪間での下剋上が保護対象外の理由ではなく、それは関西鉄道の生い立ちに起因する。なにしろ、駆け出しのころの関西鉄道は、三重県と滋賀県が地盤という局地的な地方の鉄道にすぎなかったのだから。これでは保護対象となるわけもない。

が、政府の保護を受けずにいたからこそ、のちに堂々と官鉄に食ってかかれたという見方もできよう。世の中、何がどう作用するかわからないものである。

関西鉄道会社が設立されたのは〝第一次私鉄創立ラッシュ〟最中の明治二一年のこと。で、設立当時に得ていた線路敷設免許は、四日市～草津間、河原田～津間、四日市～桑名間でしかなかった。ただし、当初から名古屋と大阪を結ぶ構想は持っていたという。

5 小刻みに線路を延ばしていく関西鉄道

官設主義者・井上勝と「鉄道敷設法」

官鉄東海道線のうち最後の最後までつながらなかった区間は、太湖汽船会社の琵琶湖航路が、東西より延びてきた鉄道を連絡した大津〜長浜間である。その連絡船がまだ活躍していた時代に、滋賀県の県会議員弘世助三郎、馬場新三、高田義助らの地元有志が京都と名古屋を四日市経由、すなわち旧東海道のルートでつなぐ私設鉄道建設を企画したのが、関西鉄道誕生の端緒である（官鉄東海道線は東京〜熱田間こそ、ほぼ東海道に沿って建設されてはいるものの、岐阜〜草津間については中山道をなぞっている）。

この企てには、右の四日市経由の線路から分岐して大阪へ至る線路、および津を通って山田（現・伊勢市）へ至る線路も考えられていたという。

ただ、投資に応じる者はすぐには出てこず、滋賀県知事の示唆から

最初の国産鋼鉄船「第１太湖丸」

京都〜宮津間の線路建設が計画に組み込まれる。これにより、京都の田中源太郎、浜岡光哲などの人物が賛同者に加わった。

そのころ、三重県でも、弘世一派の計画とほぼ同じルートの私設鉄道建設を画策する面々が現れる。諸戸清六、木村誓太郎なる人物らで、まさに世は私鉄創立ブームの様相である。

結局、滋賀県知事と三重県知事は、滋賀・京都一派と三重一派の合同を斡旋《あっせん》、明治二〇（一八八七）年には、華族の井伊直憲をはじめとする滋賀県、京都府、三重県の有志一一名による関西鉄道創立願書がお上に出される。

それによれば、予定線は大津〜四日市間、四日市〜桑名〜熱田間、伏見〜奈良〜大阪間、京都〜宮津間だった。これに対し内閣直属鉄道局のトップは、難工事が予想される区間があること、官鉄線との競合路線が存在すること（草津〜大津間が建設中の東海道線と完全に並行状態にあるうえ、途中の経路は大きく異なってはいるものの、名古屋の熱田と大津との間も競合関係が生じうる）などを理由としてあげ、計画を見直したうえで再度の出願を指令する。

日本の「鉄道の父」井上勝

ときの鉄道局長は、元長州藩士の井上勝という人物であった。鉄道創業期の工部省鉄道寮鉄道頭《てつどうのかみ》就任以来、鉄道建設・運営の中心に立ち続けた鉄道官僚で、「鉄道の父」とも呼ばれる御仁であるけれども、幹線鉄道官設官営主義の権化のような人でもあって、痛烈なる私鉄批判を繰り返し行ってきたことでもよく知られている。

のちの話だが、この井上勝が鉄道庁長官時代の明治二四年七月に、内務大臣に提出した「鉄道政略ニ関スル議」は、私鉄が孕む問題と官設官営主義の重要性、官設官営を具体化する方法を論じたものであった。すなわち、日本鉄道といえども政府のバックアップなしでは列車の運転すらろくに出来ないことは言うまでもなく、私設鉄道には種々の弊害がある、と。いわく、私鉄は儲かるところにしか線路を敷かない、儲かるとなれば重複する線路でも敷いて無駄な競争をする、会社乱立から費用が増大し紛争も絶えない、地域に対する専売や運搬拒絶による地方人民への威嚇行為の恐れあり、資本の増加を恐れて改良を図らない……。

井上はこうした短所を大前提としたうえで、鉄道の効用を軍事と経済の両面より捉え、鉄道を国家の事業として漸次全国に普及させ、利用を完全なものとするための、全国的な鉄道網構想、およびそれを実現させる資金調達方法を論じたのであった。

この「鉄道攻略ニ関スル議」が発端となり、以降、紆余曲折、諸々の議論を経て、明治二五年六月には「鉄道敷設法」（旧法）の公布が実現する。

同法は鉄道線路の建設を法定手続にしたこと、政府の鉄道建設構想を示したこと（建設予定線を具体的に明示）などから、鉄道政策における政府の強い主導権を確立した、かつてない画期的なものだったといえる。これにより国家的観点に立った、鉄道の統一的な計画・運営が可能となったのである。

ただ、第十四条において、予定線を私鉄に建設させることが可能と規定している点を見逃してはならない。やはり、まだまだ私鉄の力に頼る必要があったということなのだろう。

関西鉄道の開業まで

話を関西鉄道の出願に戻せば、井上勝のように私鉄に批判的な人物が当時の鉄道局長ならば、官鉄と競合する私鉄路線など認められるわけもない。

しかたがないので、関西鉄道創立を目論む有志らは、予定線を縮小して明治二一（一八八八）年一月に再出願、同年三月に既述の四日市～草津間、河原田～津間および四日市～桑名間の鉄道敷設にかかわる免許状の下付をみるという次第。

これを受けて有志らは、「郵便の父」として名高い前島密《ひそか》を初代社長に担ぎ、資本金三〇〇万円で関西鉄道会社を設立。ただちに工事に着手して、明治二二年一二月一五日、まず手はじめに三雲～草津間を開業、翌明治二三年一二月一五日には四日市～草津間の全通を果たす。

さらに、河原田～津間の支線も、亀山～津間に変更のうえ、明治二四年一一月四日に開通させ、残った四日市～桑名間についても、明治二七年七月五日の桑名仮駅までの開通を経て、明治二八年五月二四日に全線開業の運びとなった。

当初の免許路線はすべて完成したわけだが、もとより関西鉄道は名古屋と大阪を結ぶことを本懐としていた。ゆえに、桑名開通の二年前、明治二六年二月には早くも増資のうえ、桑名～名古屋間と柘植《つげ》～奈良間の延長に関する免許申請を行っている。

関西鉄道・木曽川橋梁（明治28年）

関西鉄道・愛知駅（明治29年開業）

で、新規に申請した区間のうち桑名～名古屋間においては、「鉄道敷設法」（旧法）の予定線に含まれていなかったゆえに、明治二六年四月八日に仮免許状が下付、同年六月一五日免許状下付という段取りで、事が順調に進んだ。着工後も揖斐川《いびがわ》、木曽川の橋梁工事という難業をものともせず、明治二八年一一月七日、見事、名古屋～草津間が全通を迎えた。

ただ、関西鉄道としては、官鉄所属の停車場を共同使用させてもらう恰好の名古屋駅が気に入らなかったのか、その手前（桑名寄り）二七チェーン（五四三・二一メートル）の地点に、同社独自のターミナルとして愛知駅を翌明治二九年七月三日にオープンさせる。これは、名阪間開業のあかつきに起こりうるであろう、官鉄との勝負を念頭においた措置であったと勘繰りたくもなる。

一方、柘植〜奈良間については、「鉄道敷設法」（旧法）によって予定線に指定されていた関係から、それなりの手続が必要であった。明治二六年一一月に第六回帝国議会の協賛を得た後、明治二七年六月一二日、法律第一三号にて同区間の建設を私鉄に行わせることが認められ、同年七月の仮免許状下付を経て、翌明治二八年一月二八日、ようやく免許状の下付が実現する。

建設工事は、明治二八年一二月に柘植〜加茂間から着手、上野（現・伊賀上野）までの部分開業を経て、明治三〇年一一月一一日にこの区間は全通を成した。

さらに同年、加茂〜奈良間を起工（現在の木津経由の関西本線よりも東側を南下するルート）、途中の大仏駅までは明治三一年四月に開通させた。ただし、そこから五七チェーン（一・一キロメートル）先に位置する奈良駅までの延伸は、かなりの時間を要した。明治三一年末には工事は終えていたのだが、大阪鉄道（初代。湊町（現・JR難波）〜天王寺〜王寺〜奈良間、天王寺〜京橋〜大阪間、王寺《おうじ》〜高田〜桜井間の路線を開業済）および奈良鉄道（京都〜木津〜奈良間の路線を開業済、奈良〜桜井間を延伸工事中）との駅共同使用に係わる協定成立がおくれ、開業は明治三二年五月二一日にずれ込んだ。三社の共同使用駅ともなると、取り決めるべきことも多かったのであろう。

6 トドメの大阪延伸は他の私鉄の買収で

浪速鉄道、城河鉄道を吸収合併

いずれにしても、大仏駅開業時の明治三一（一八九八）年四月の段階で、関西鉄道は名古屋と奈良を結ぶ路線を実現させるわけだが、最終目標の大阪までは、このとき別のルートにおいて延伸の工作が同時に進められていた。

その大阪延伸は、他の私鉄の買収により具現化する。

柘植から加茂まで線路が達する少し前の明治二九年一月、関西鉄道は加茂から分岐して木津に至る線路の免許を申請、翌三〇年六月の仮免許状下付に続き、明治三一年三月一〇日には免許状の下付をみる（この支線は現在の関西本線の加茂～木津間のルートとほぼ同じ）。

目的は、京都へ通じる奈良鉄道への接続を、南へ大きく迂回する恰好の奈良駅経由とせずに短絡することもあったであろうが、メインは四条畷《しじょうなわて》～新木津間の新規建設路線につなぐためであり、奈良駅乗り入れに先んじて、明治三一年一一月一八日に加茂～新木津間は開通する（新木津駅は奈良鉄道木津駅（現在の木津駅）より約六〇〇メートルほど北西にあった）。

この日は関西鉄道にとって、大いにめでたい日となるのだが、その話はのちほど。

さて、新たに出てきた四条畷〜新木津間の線路だが、これは城河鉄道なる会社が明治二九五月に免許状を得ていた未開業路線であった（城河鉄道は免許を持つのみで、建設工事は関西鉄道に委任される）。

関西鉄道は同社との合併契約を結び、明治二九年八月、この路線を自社の延長線とすることを逓信省鉄道局に申請、明治三〇年一月二〇日には免許状が下付されて、城河鉄道は解散した（工部省廃止以降、内閣直属だった鉄道局は、内務省外局の鉄道庁、逓信省外局の鉄道庁を経て、明治二六年一一月に逓信省鉄道局となる）。

かかる建設線の先、四条畷から大阪の片町までは、すでに浪速《なにわ》鉄道が路線を開業済みであった。むろん、城河鉄道の買収は、浪速鉄道の買収とセットで行わなければ意味を成さない。

関西鉄道は明治二九年七月に、浪速鉄道に属するすべての事業および物件を譲り受ける契約を結んで、同年八月、浪速鉄道の路線を城河鉄道の建設線ともども関西鉄道の延長線とすることを申請（実体は会社合併の申請となるが、当時、その規定自体がなかった）。城河鉄道の記述と重複するが、明治三〇年一月二〇日、逓信省鉄道局は関西鉄道の延長線をすべて認可、これを受けて浪速鉄道も解散する。

このころ、小鉄道会社分立に伴う弊害が目立ちはじめ、鉄道局も憂慮していた。このため、関西鉄道の延長線申請、すなわち浪速鉄道、城河鉄道の同社への吸収合併は、すんなりお許しが出たという次第。

で、関西鉄道は新木津〜四条畷間の建設を急ぎ、明治三一年六月四日には同区間が全通、すでにご案内の通り、明治三一年一一月一八日には加茂〜新木津間がつながるので、ここで待望の名古屋と大阪を結ぶ線路が、めでたくも現実のものとなったわけである（新木津と木津を結ぶ連絡線も明治三一年九月に開通していたが、加茂〜新木津間の開通、そして続く加茂〜奈良間〔大仏経由〕の開通により、必要が薄れたためすぐに休止となる（のちに復活））。

なお、大阪市内のターミナルについては、浪速鉄道譲りの片町駅が手狭だったため、放出《はなてん》以西に別線を建設（加茂〜新木津間と同時開通、この別線と片町へ至る線路との分岐箇所は、現在の鴫野《しぎの》駅西方に存した寝屋川聯絡所）、その終端部の網島《あみじま》駅を関西鉄道の大阪側の始発駅として整備した（網島駅は片町駅の北側至近距離に位置したようである。なお、網島駅の開設に伴い片町駅は貨物中心の駅と化す。また、明治三一年一一月の陸軍特別大演習に伴い、網島から桜ノ宮〔大阪鉄道初代の天王寺〜大阪間支線の途中駅〕へ至る仮設の連絡線も建設され、これが明治三四年一二月には常設線として開業する）。

連絡運輸協定の締結

ところで、名阪間開通の少し前、明治三一（一八九八）年八月には、関西鉄道株式会社（明治二六年に商法の会社編が施行され、それまでただ「会社」と呼ばれていたものが「株式会社」「合名会社」「合資会社」とされた）の社長白石直治《なおじ》より官設鉄道に対し、連絡運輸に係わる二つの出願が提出される（明治三〇年八月、官設鉄道の運営母体は逓信省鉄道局から逓信省鉄道作業局に移行、従来の鉄道局は私鉄の監督行政を専任とする機関となる）。

ひとつは、関西鉄道株式会社線の網島、片町、四条畷、田辺（現・京田辺）、新木津の各駅と官設鉄道東海道線の新橋、横浜、静岡、浜松、豊橋、熱田の各駅相互間に、名古屋駅を経由する（連絡駅とする）通しの連絡乗車券を発売したい、ふたつめは、同社線加茂〜網島間の各駅および片町駅、木津駅と官鉄東海道線・北陸線各駅相互間に、名古屋駅または草津駅を経由する諸貨物の連絡運送を行いたい、という内容であった。

官鉄東海道線の名古屋～大阪間は一二二マイル（一九六・三キロメートル）なのに対し、関西鉄道株式会社線の名古屋～片町間は一〇七マイル（一七二・二キロ）と距離が短いのだが、右の申請では控えめなことにも、社線経由も官鉄線経由も運賃は同額とされていた（たとえば、名古屋～大阪間も名古屋～片町および網島間も三等旅客運賃は一円二一銭）。

このあたりは、イギリスの自由主義的鉄道政策とはおよそかけ離れた環境により生まれる現象と思える。官鉄側としては、何か将来に対し不安をおぼえたのであろう、連絡運輸の実施を前に、関西鉄道とある協定を結んでいる。その条文は以下の通り。


官線ト関西鉄道株式会社線ト連絡運輸ヲ為スニ付締結スル条項左ノ如シ

第一条　局社連絡運輸営業上ニ付テハ将来左記ノ条項ヲ確守スルモノトス

第二条　官線名古屋大阪間乗客賃金ト社線名古屋（若クハ愛知）大阪（片町若クハ網島）間乗客賃金ハ現行賃金ヲ以テ連絡運輸ヲ為スモノトス

第三条　前条ノ区間内ニ於ケル賃金ヲ変更シ又ハ賃金ノ割引ヲ為ストキハ一方ノ承諾ヲ要スルモノトス

第四条　本契約ニ違背シタルトキハ連絡運輸ノ契約ハ総テ無効トス

（以下略）

簡単にまとめれば、連絡運輸を行うにあたり、両者ともに大阪～名古屋間は現行運賃を採用し、運賃変更の場合は両者の合意を条件とする、というものだ。のちの乱闘ぶりからしてみれば、信じられないような協定だが、結局、明治三二年三月一六日の官鉄線旅客運賃の改訂（距離比例制を廃し、遠距離逓減制を採用）の結果、社線の運賃同額は困難となったため、同年四月一日、関西鉄道は同協定を解約とした。いよいよ、本性を露わにしてきたようである。

大阪鉄道（初代）の併合

さてさて、時系列的に既述を整理すれば、名古屋～網島間が全通した明治三一年一一月一八日から半年後となる明治三二年五月二一日、大仏～奈良間が開業するわけであるけれど、これはもちろん、湊町～奈良間を王寺経由で結ぶ大阪鉄道（初代）の路線と接続して、名古屋～湊町間にも名阪間の直結ルートを確保するためのものであった。

現在の線路名称でいえば、網島へのルートは木津以西が片町線（学研都市線）、湊町へのルートは関西本線（大和路線）となる。関西鉄道としては、王寺経由の後者も、官鉄線との勝負を優位に導くため、直営としたかったに違いない。

むろん、その実現のため、手は打たれていく。

明治三三年四月、関西鉄道株式会社と大阪鉄道株式会社（初代）との間に、前者が後者の財産一切を譲り受けるという契約が締結された。

ともに名阪間の直結路線実現を目論んだ関西鉄道と大阪鉄道（初代）は、早い段階に鉄道局の指導により、双方、いったんは計画の妥協をみた。しかし、以降も柘植〜奈良間の延長路線が競願となるなど対立は続き、関西鉄道が浪速鉄道、城河鉄道買収によって大阪市内乗り入れを果たすと、対立はいっそう激しくなった。

ただ、大阪鉄道（初代）の株主の一部には、両社が拮抗することにより生じる不利益を指摘する人もいたりして、やがて合併交渉へと進展、当初は少しく話は難航するけれども、関西鉄道にしてみれば願ったり叶ったりの話というのが本音であって、やがてその契約成立という結末を迎える。

結果、関西鉄道は、新たに四五マイル五四チェーン（七三・五キロメートル）の線路を含む物件を獲得、明治三三年五月三一日、それらの線路を関西鉄道の延長線とすることが認められ、大阪鉄道株式会社（初代）は解散した。

同社から譲り受けた線路には、現在の大阪環状線の東側半分にあたる天王寺〜京橋〜大阪間も含まれていた。

関西鉄道・湊町停車場

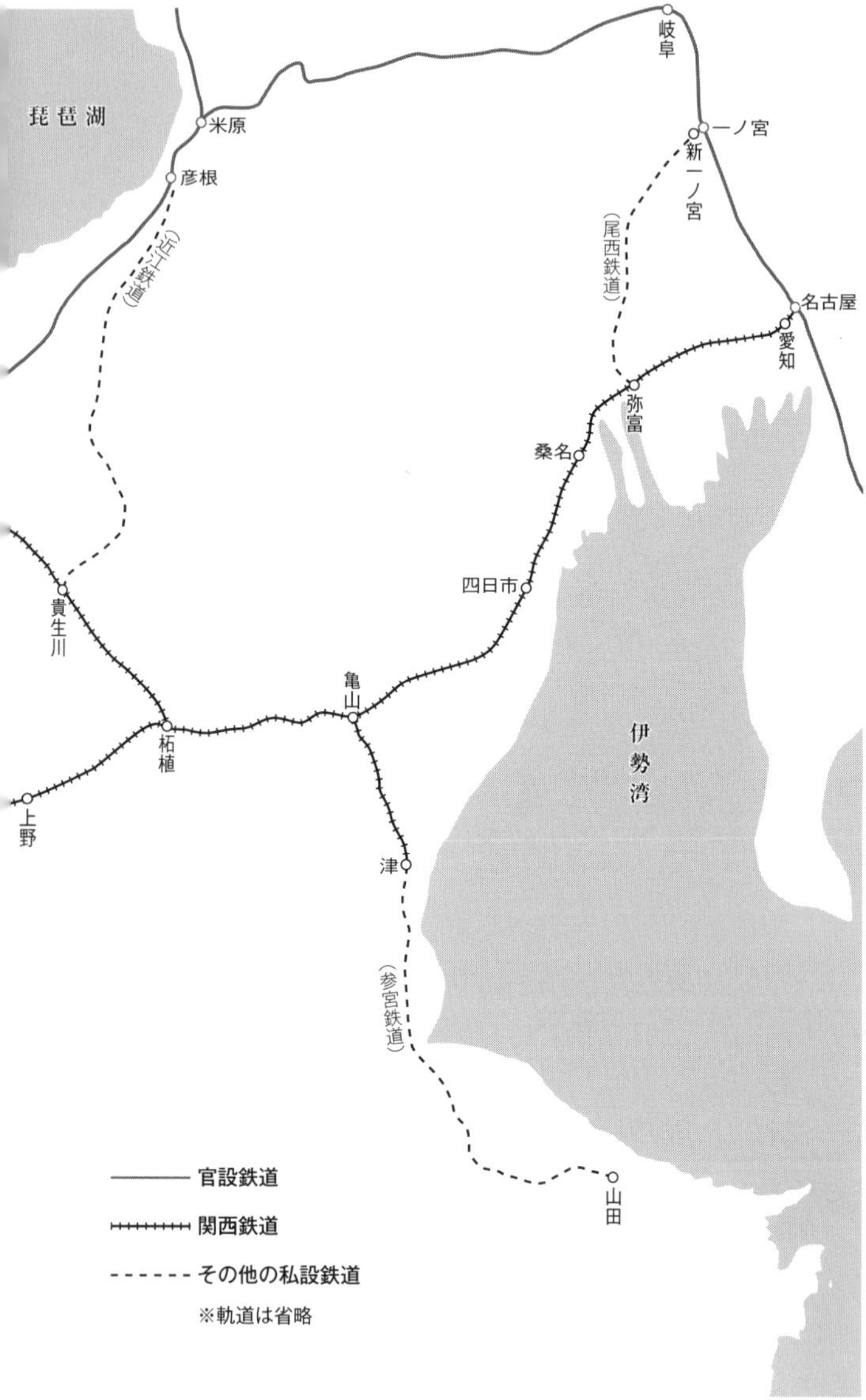

琵琶湖
米原
彦根
（近江鉄道）
岐阜
一ノ宮
新一ノ宮
（尾西鉄道）
名古屋
愛知
弥富
桑名
四日市
貴生川
亀山
柘植
上野
伊勢湾
津
（参宮鉄道）
山田
官設鉄道
関西鉄道
その他の私設鉄道
※軌道は省略

図1　明治33年末当時の名阪間の鉄道地図

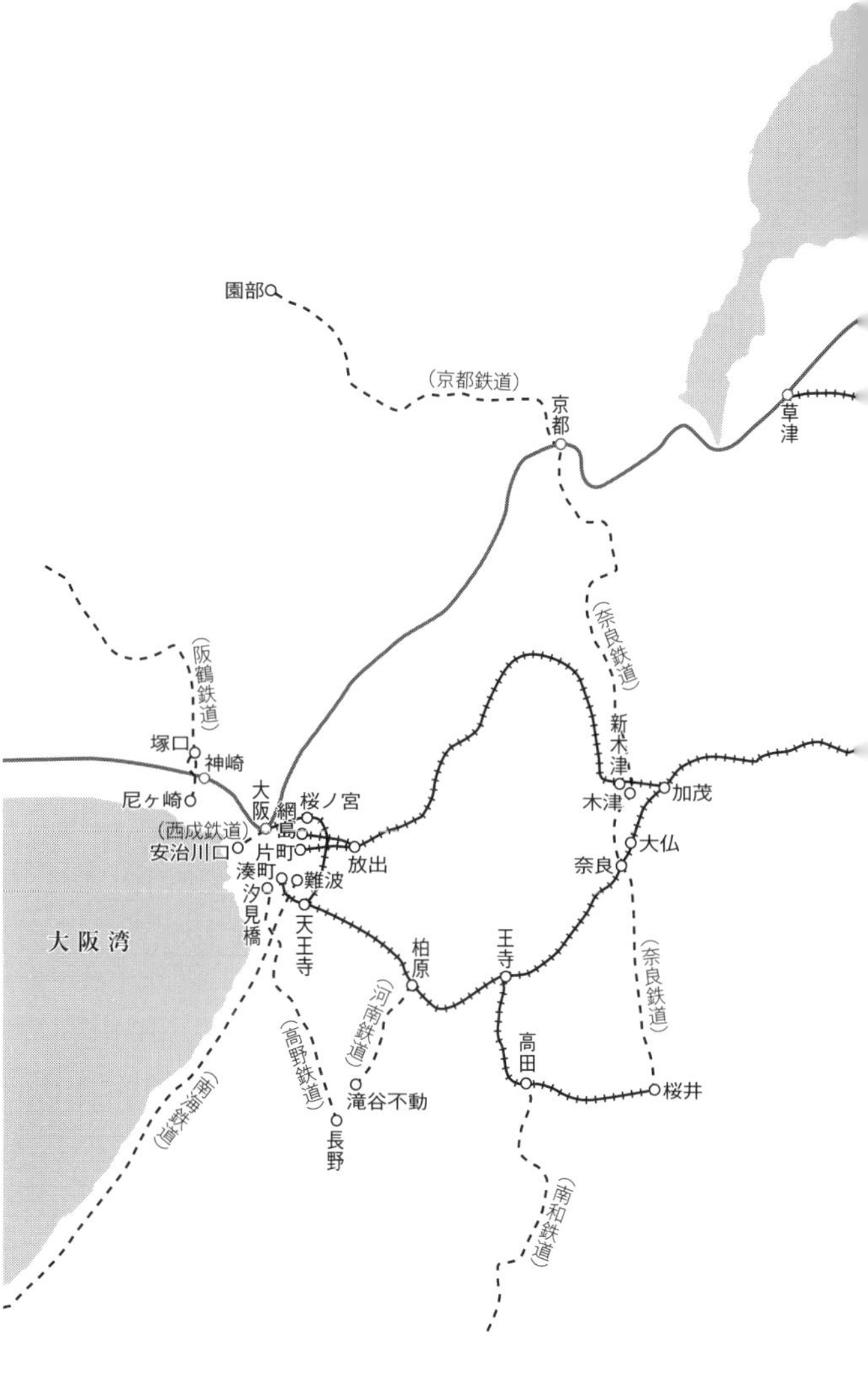

いずれにしても、これにて関西鉄道は、大阪市内に湊町駅、網島駅、片町駅という三つのターミナルを擁す名阪間の直結路線を手中に収め、さらに官鉄の大阪駅とも連絡するという、東海道線に匹敵する、いや、それ以上に利便性の高い交通機関へと変貌を遂げたわけである（図1）。

官鉄を営む逓信省鉄道作業局にしてみれば、単なる一地方の小鉄道にすぎなかった関西鉄道が、いつのまにやら大きくなって、己の競合路線に変じようとは、夢にも思わなかったはず。

小私鉄の分立経営是正のため、鉄道会社間の合併を鉄道局がよしとしてきたこと、および官鉄の運営と私鉄の監督の両方を担ってきたその鉄道局から、官鉄運営を専門とする鉄道作業局を分離させてしまったことなどが、めぐりめぐって、自らの強敵を作る結果を招いてしまった、という見方は穿ちすぎだろうか。

まあ、いまさら言ってみても後の祭り、関西鉄道の官設鉄道への殴り込みが、いよいよ本格化する。

7 そして合戦の火蓋が切られる

名阪間スピード競争

大阪鉄道（初代）の併合により、名古屋〜湊町間が関西鉄道の本線格となる。それで、明治三四（一九〇二）年八月当時、同区間の直行列車（名阪間を通す列車）の運転回数は一日あたり五往復、うち二往復が途中、一部の駅を通過する急行列車となっていた。

所要時間は、最速の急行列車が名古屋～湊町間四時間五八分、普通列車はおおむね六時間半前後の運転であった。

亀山経由の関西鉄道株式会社線は、米原経由の官鉄東海道線に比べ距離は幾分短いものの、途中、加太越えなどの急勾配区間が多数存在して、運転条件は必ずしもよいといえるものではなかった。

そこで、明治三一年には、官鉄の蒸気機関車を上回る動輪直径五フィート二インチ（一五七五ミリ）、軸配置二Bのアメリカはピッツバーグ社製複式高速蒸気機関車「早風」形を名古屋～亀山間の平坦区間用に導入する（それまで、わが国の高速旅客用機関車の動輪径は五フィート〔一五二四ミリ〕が最大であった）。

名古屋～湊町間四時間五八分運転は、同機の性能をフルに生かした結果の技といえよう。ちなみに、東海道線の名古屋～大阪間は最速で五時間二〇分前後であったという。

関西鉄道の勢いに刺激されてか、鉄道作業局は明治三六年一月二〇日に急行列車の大幅なるスピードアップを目玉とする東海道線のダイヤ改正を実施する。これで、名古屋～大阪間は速い急行列車で四時間五五分、普通列車もだいたい六時間半弱の運転となった。

運賃ダンピング合戦

スピード面では、官鉄も関西鉄道もほぼ互角に落ち着いたのであって、ならば、運賃をいかに安くできるかが、勝敗を決める鍵となろう。

官鉄と関西鉄道の運賃ダンピング合戦は、明治三五（一九〇二）年八月より始まっていた。

従来、官鉄の名古屋〜大阪間の往復割引運賃は、一等が六円八六銭、二等が四円、三等が二円三〇銭であった。これに対抗するため関西鉄道は同年八月一日、名古屋〜湊町間の往復運賃を一等四円、二等三円、三等二円に値下げする。一等は官鉄よりも二円八六銭も安くなり、二等も同じく一円安い。三等でみても三〇銭もお得なわけで、これならば、名阪間の移動に限った旅客は関西鉄道を選択するだろう。

ちなみに、当該の片道運賃は、官鉄が三等一円七七銭、関西鉄道が三等一円四七銭であったというから、双方ともに往復乗車券が実にお値打ちな商品であったことがよくわかる。

かかる関西鉄道の殴り込みに真っ青となった鉄道作業局は即座に行動、同年八月六日、名古屋〜大阪間の官鉄往復運賃を一等五円、二等三円、三等一円五〇銭とする値下げを断行。一等こそ関西鉄道より高いけれど、二等は同額、三等は五〇銭も安い。

驚くことにも、三等片道運賃よりも三等往復運賃のほうが二七銭も安いという怪現象まで生じている。逓信省鉄道作業局は、役所とは思えぬほどの素早い、そして大胆な対応をとったものだ。まさに赤字覚悟の出血大サービスである。

が、関西鉄道も黙ってはいない。官鉄値下げの二日後、八月八日には、二等往復運賃二円五〇銭、三等同一円五〇銭に再値下げ、加えて乗客に手拭いや団扇などのおみやげまで進呈したというから、ほんとうに気合いが入っている。

旅客誘致合戦の終息

この抗争の激化は、旅客輸送に限った話ではなかった。関西鉄道の貨物運賃値下げから、官鉄東海道線は貨物輸送の分野でも大打撃を被ったのである。慌てた鉄道作業局は、名古屋および一ノ宮（現・尾張一宮）と大阪との間の貨物運賃を割り引き、輸送数量の回復に躍起となる。

ただ、かようにとどまることを忘れたダンピング合戦は、両者ともに自分で自分の首を絞めること、疑いもないところである。

そこで、逓信省鉄道作業局と関西鉄道株式会社との間で協定が結ばれた。その内容は、おおよそこうである。

◉関西鉄道株式会社線名古屋〜天王寺間の三等片道運賃は官鉄線名古屋〜大阪間の三等片道運賃一円七七銭に合わせて同額とするとともに、愛知〜天王寺間、および名古屋または愛知と湊町、今宮、桃山、玉造、京橋、網島、桜ノ宮、天満の大阪市内各駅との間の社線三等片道運賃も同額とする。

◉関西鉄道株式会社線名古屋〜草津間の三等片道運賃も官鉄線名古屋〜草津間の三等片道運賃一円二二銭に合わせて同額とし、愛知〜草津間もこれと同額とする。

◉一・二等運賃は当分の間、官鉄線は現行のまま、関西鉄道株式会社線は協定された二等は三等の五割増、一等は三等の二倍とする。

◉連帯運賃（連絡運輸区間の運賃）については、割引は大阪駅を起点とした官鉄線の普通運賃の額を限度とし、競争のおそれのある区間の運賃割引は協定しなければ実施しない。

◉景品を付けるなどの方法による旅客の誘致は行わない。

◉貨物についても競争区間や競争のおそれのある区間では、発着手数料を含めて貨物運賃は相互に同一金額とし、現在実施の運賃低減特約は期間満了に際して同額に引き直す。

◉貨車容積、無蓄貨車の積載高制限、貨車の減トン、過積混載の追徴方および運賃割戻しは双方ともに同一割合とする。

要するに、競争区間の官鉄と関西鉄道の旅客運賃は同額、運賃の割引は協定のうえでなければ行わない、物品贈与による旅客勧誘はダメ、競争区間の貨物にかかわる運賃ほかも同額とす

内国勧業博覧会錦絵

内国勧業博覧会臨時停車場

る、と定めたわけだ。

以上は二つの覚書にまとめられ、関西鉄道株式会社社長は明治三五（一九〇二）年一〇月九日、これに同意するとともに、三〇日前の予告により解約しうることを申し出て、鉄道作業局長官も覚書および解約予告の件を承諾、一一月一日に協定の内容は実施とあいなった。

右の協定成立には、関西鉄道側のとある思惑がからんでいたともいう。翌明治三六年の三月から七月にかけては、大阪市の天王寺において第五回内国勧業博覧会が開催される。当然、全国より数多くの観覧者がやって来るのであって、そんな絶好のチャンスに官鉄対策で運賃のダンピングなど行っていたら、儲かるものも儲からない。ここはひとつ大人になって、と、いうことではなかっただろうか。

いずれにしても、これで度を超した運賃の値下げ合戦は終息するのだが、それはまさに、束の間のことであった。

8 弁当まで出してお客を獲得

またもや協定破棄

件の第五回内国勧業博覧会閉会後の明治三六（一九〇三）年一〇月一九日、やはり、というべきなのか、関西鉄道株式会社は鉄道作業局長官に対し、自社線運賃の低減を申し出る。理由は、経済界の不振による収入減退打開のためとか。この申し出の仔細は次の通り。

官鉄線の名古屋～大阪間一二二マイル（一九六・三キロメートル）の三等片道旅客運賃は一円七七銭で、一マイル当たり一銭四厘五毛。一方、関西鉄道経由名古屋～湊町間の三等片道運賃も協定により一円七七銭と定められているが、社線は一〇七マイル（一七二・二キロメートル）であるからして、同一賃率で計算すれば一円五六銭となるはず。

また、名古屋～草津間も官鉄線は七八マイル八チェーン（一二五・七キロメートル）で、その三等片道運賃は一円二二銭、一マイル当たり一銭五厘六毛である。関西鉄道の運賃もこれに合わせてはいるが、社線経由の名古屋～草津間は七二マイル二七チェーン（一一六・四キロメートル）ゆえ、同じ賃率とすれば一円一四銭という値が出てくる。

よって、右の結果の通りに関西鉄道株式会社線の運賃を改正（引き下げ）したいと申し出たわけである。

しかるに鉄道作業局は、これを協定の破棄とみなし、一切聞く耳を持たなかった。ならば、関西鉄道側も「仕方あらしまへんな」となって、同年一〇月二〇日、協定解除を鉄道作業局に通告、同時に社長の命令で協定解約顛末書を公表、一一月二一日より旅客運賃の値下げを断行するのであった。

加えて、貨物に関しても同社による直接の取扱いを実施、湊町駅と片町駅に代理店を置いて貨物取扱所を開設し、輸送量の増加というか、まあ、官鉄線からの奪い取りに努めたから鉄道作業局としても、たまらない。

鉄道作業局（官鉄）サイドは関西鉄道のやり口に対して、運輸部長名で反駁《はんばく》、即座に名古屋〜大阪間、名古屋〜草津間、名古屋〜京都間の運賃低減を図った。まさに元の木阿弥状態である。

関西鉄道もこの動きに対し明治三七年一月、さらに運賃を値下げする。が、対する鉄道作業局も負けてられないとばかりに、再度の運賃引き下げに出て、バナナのたたき売りのごとき、両者の運賃ダンピング合戦は、以前よりも増して熾烈を極める一方となった。

「新鮮なる御弁当進呈」

当時の関西鉄道の意気込みが知れる証拠品として、明治三七（一九〇四）年一月二三日に『鉄道時報』に出された広告が有名である。

内容は、まず見出しに「名古屋〜大阪間近道　関西鉄道」という文字が躍り、その下に「一月廿一日より当分の間　◎名古屋愛知と大阪市内各駅との双方より　往復｛三等　一円廿銭　二等　一円八十銭　一等　二円五十銭｝　切符通用十日間　片道｛三等　一円十銭　二等　一円五十銭　一等二円｝同三日

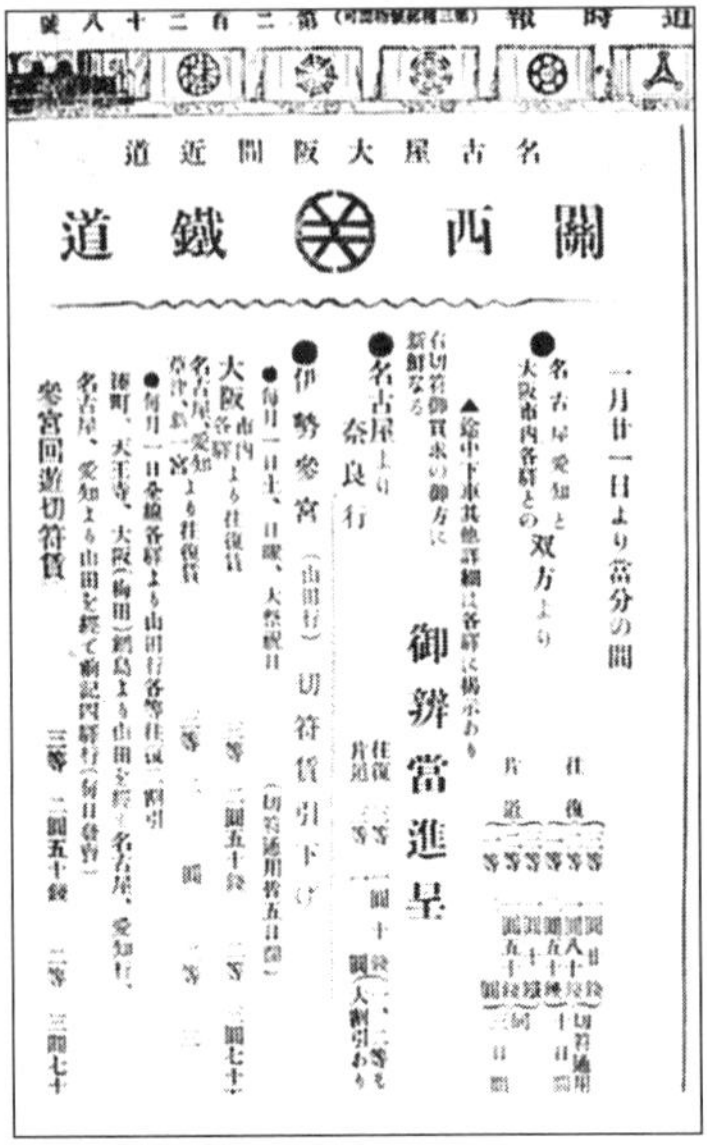

関西鉄道の広告

間　▲途中下車其他詳細は各駅に掲示あり右切符御買求の御方に新鮮なる御弁当進呈」という文言が記されている。

〝御弁当進呈〟の文字が、これまた見出しの〝関西鉄道〟に次ぐ大きさで印刷されており、「関西鉄道　御弁当進呈」と眼に飛び込んでくる仕掛けである。

弁当をタダで食わせてくれるのも有り難いことだが、〝当分の間〟適用の旅客運賃の安さには、ほんとうに眼を瞠《みは》る。

名古屋駅および愛知駅と大阪市内各駅との間の社線三等片道運賃一円一〇銭は一マイル当たり一銭三毛、三等往復運賃一円二〇銭にいたっては、一マイル当たりわずか五厘六毛でしかない。

先の逓信省鉄道作業局と関西鉄道株式会社との協定が実施となった明治三五年一一月一日、同社は三等旅客運賃の賃率を七五マイル以下は一マイル当たり一銭八厘、七六マイル以上は一マイル当たり一銭四厘と定めているので、それと比較すると、いかに尋常でない値下げ、割引であったかがよくわかる。

おまけに〝新鮮なる御弁当〟まで付けてくれるというのだから、名阪間の移動は関西鉄道に決まり、であろう。はたして、これで関西鉄道は利益が出たのだろうか。

名阪間抗争の終結

両者の再度の抗争は、名古屋から東京など東方面送りの貨物の停滞延着という、想像もしなかった妙な現象まで生じさせてしまった。

鉄道作業局が関西鉄道に官鉄線の貨物を奪われないよう、名古屋から西方面への輸送用に貨車を優先配車したため、東方面が手薄となって支障が出たという。ほかにも、貨物運賃の不定による取引不安や、急ぐがあまりの貨物取扱いの粗雑化などなど、商取引秩序の混乱をも招いた。両者の貨客争奪戦を見るに見かねた名古屋商業会議所は、ついに明治三七（一九〇四）年一月二九日、競争の弊害を挙げ、その終決方を逓信大臣宛に提出するにいたる。

同年二月六日の『鉄道時報』が伝えるところによれば、様子は以下のごとくである（『日本国有鉄道百年史』第三巻の記述を引用）。

官社競争と名古屋商業会議所

官社競争の為め其起点地たる名古屋地方の商工業者は其間に起ち不利益なる影響を被むること尠《すく》なからざれば過日愛知県下に於ける十余の重要物産組合連合会に於て之れが救済策を講ぜん為め永井松右衛門、沢田吉兵衛の二氏を委員としその労を採ることとなり沢田氏は此程の名古屋商業会議所総会に同問題を提出し協議の末役員に一任し頃日主務大臣に建議書を提出したるが其中局社競争の為め名古屋市実業家の被れる不利益として列挙せる条項大要左の如し

一、局社競争の為め全線の貨車を競争区間に集注せるより西積貨物は便利なるも東積貨物は自然停滞延着を免れざる事

一、貨物運賃の不定なるが為め商業取引上殆んど準拠すべきものなく荷主と荷受人託送者と取扱業者との間徒《いたず》らに交渉の時日を要し取引上の円滑を欠く事

一、貨物の運賃は東西に依り非常の大差あり為めに価格の標準を紊《みだ》る事

一、運送業者は或は局線付となり或は社線付となり全然二派に分れて競争せるを以って大阪積貨物にして湊町送となると梅田積となすとに於て取引運送店が所属を異にする為め頗《すこぶ》る不便なる事

一、競争の結果自然貨物積込みの取扱粗漫に流れ従って過積混積の弊を生じ貨物托送上不安なる事

おそらく旅客にとっては有難かったであろうこの過激な競争も、貨物輸送の分野においては、地域経済を混乱させる、かような迷惑事を生み出したわけである。で、大阪府知事の高崎親章、貴族院議員の富田鉄之助、衆議院議員の望月右内の三名が両者間の調停を試み、なんとか話はまとまって、鉄道作業局長官と関西鉄道株式会社社長との間に、またしても協定書が交わされる。

これで世を騒がせた抗争劇に、ようやく終止符が打たれる運びとなったのである。明治三七年四月二五日のことであった。

今般の協定書の条文（明治三七年四月三〇日『鉄道時報』に掲載）については、資料1を参照願いたい。

資料1　鉄道作業局・関西鉄道協定書

協定書

鉄道作業局と関西鉄道株式会社との間に於て其利益相反する旅客及貨物の運送営業上相互の利益を適当に保存するの目的を以て局社は競争を生ずるの虞ある貨客の賃金を局社同一ならしむるの趣旨に基き左記条項を遵守することを協定し本書二通を作製し各一通を所持するものとす。

鉄道作業局長官
関西鉄道会社社長

旅客貨物賃金に関する協定書

旅客の部

第一条　旅客運送上主要なる競争区間即ち名古屋大阪間名古屋草津間の旅客賃金は局社之を同一となすものとす

前項両区間に於ける標準賃金は局社相互協議の上之を定むることとし若し局社相互の賃率関係より両区間に於て其普通賃金を同一ならしむること能はざる場合に於ては高価なる普通賃金を用ふる局社の一方は他の一方の普通賃金額迄第四条の規定に依らずして随意に割引を為すことを得

第二条　前条に於ける名古屋大阪間とは局線名古屋大阪間及社線名古屋（愛知を含む）大阪市内各駅間を名古屋草津間とは局線名古屋草津間及社線名古屋（愛知を含む）草津間を称するものとす

第三条　他線と連帯運輸の結果局社相互の利害相反する場合の連絡旅客賃金は各線各別の普通賃金を併算したるものを用ふるものとす〔但書略〕

第四条　総て競争区間に於ける割引（大阪名古屋間の一部割引の結果乗車券買継の方法によれば全区間直通賃金よりも低廉となる如き割引を含む）は局社協定の上にあらざれば之を行はざるものとす

但し括弧内大阪名古屋間の解釈には第二条を準用するものとす

第五条　左の場合に於ては前条の規定に拘らず賃金の割引をなすことを得〔以下略〕

第六条〔略、第五条臨時割引の補足〕

第七条　回数多人数乗車等の場合に於ける特種割引に対しては局社当事者協議の上前記各条項の趣旨に基き可成相互平等の主義に依り別に之を協定するものとす

貨物の部

第八条　貨物運送上主要なる競争区間即ち名古屋大阪間に於ては同区間に発着する貨物の運賃（発着手数料を含む）を局社同一ならしむると共に同区間に於ける貨物の全数量中局社各自の輸送すべき歩合を協定し実際輸送量を可及的協定歩合に適合せしむることに努むべきものとす

第九条　左記区間並に貨物輸送上の実況より之に準すべき各区間に発着する貨物の運賃（発着手数料を含む）は局社之を同一ならしむるものとす

局線若くは局線経由	社線若くは局線経由
名古屋草津間	名古屋愛知草津間
大阪宇治間	大阪市内各駅宇治間
大阪一ノ宮間	同　新一ノ宮間
名古屋宇治間	名古屋愛知宇治間
名古屋津嶋間	名古屋津嶋間

大阪八日市間　　大阪市内各駅八日市間

前項列記の区間中局線若くは社線か他の社線と連帯する場合に於ては局社は各其責任を以て関係会社と協議を遂げ本条の趣旨を実施すべきものとす

第一項に於ける各競争区間に於ても他日必要を生ずる場合に於ては前条に準じ更に各区間に於ける局社の設備と貨物の実況に照らし局社の適当なる輸送歩合を協定することあるべし

第十条　第二条における標準運賃は貨物の種類区間及び季節等に依り局社当事者協議の上時々之を定むるものとす

第十一条　第八条に於ける輸送歩合は当分の内名古屋大阪間を発着する貨物の全噸数を二分し局社各其半数を輸送することとし一ケ月毎に之を計算し其結果協定数量に対する局社の過不足は翌月の輸送量を以て之を補償計正するに努むるものとす

前項各月計算の結果六箇月を一期とし一期毎に之を積算し局社の実際輸送量が其協定歩合に由り計算したる数量に比し其差異局社合計の百分の一以上に達する場合に於ては更に次期の輸送量を以て之に補償するものとす

第一項の局社輸送歩合の局社の設備と貨物輸送の実況に著しき変化を生じたる場合に於て之を更訂するものとす

第十二条　天災事変其他の事由に依り名古屋大阪間に於て局社の一方が三日以上引続き列車の運転を中止したる場合に於ては其期間中に於ける他の一方の輸送噸数は之を前条折半中に加算せざるものとす

軍事輸送等の為め局社一方の貨物輸送力にして著しく減殺さられ為めに営業貨物の受付を三日以上中止したる場合に於ても亦前項に応ず

第十三条　競争各区間に発着する貨物は途中駅に於て打切りの方法に依り運賃低減の特約を為すことを得るものとす

第十四条　貨車容積、無蓋車積載高制限貨車減噸方過積混載追徴方及び賃銀割戻（特約貨物の場合に於ける割戻を含む）等は局社協議の上同一標準に由るものとす

附則

一　競争区間を通過して他線に至る旅客貨物運賃もこの区間については本協定の主旨によること。（十五条）

二　無賃車券等を含め物品の贈与その他一般鉄道営業の常識を超えた旅客貨物の誘致は行なわない。ただし時刻や案内記などの贈与や配布はこの限りではない。（第十六条）

三　この協定の実行上必要な場合には両者は係員を派遣して実地に調査ができる。（第十七条）

四　本協定の実行については両者ともつとめて競争的な行為をさけるはもち論、他の連絡会社との関係においてもこの協定の主旨を普及し、交通機関の機能を十分に発揮して公衆および旅客の利便を拡充するようつとめねばならない。

肝は名古屋～大阪間および名古屋～草津間の貨客運賃を局社同一とすることだが、名古屋～大阪間については、貨物輸送の総量に対する両者の分担割合が取り決められている点なども見逃せない。こうすれば、競争など起こりうるはずもなく、官鉄線の名古屋から東送りの貨物輸送も安定しよう。名古屋商業会議所もひと安心である。

なお、名古屋～大阪間の旅客に関する三等片道運賃は、右の協定成立によって、両者ともに元通りの一円七七銭とされ、逓信大臣の認可を得て明治三七年五月一六日に実施される。

それにしても、である。あれほどいがみ合った両者が、よくいとも簡単に協定に応じたものである。なぜなのか。

明治三七年といえば、その二月にわが国は、世界の大国帝政ロシアに宣戦布告を行っている。清国領満州の占領に兵力増強、朝鮮半島への侵攻と軍事基地の建設などなど、極東地域において日毎、軍事力を増す一方のロシア帝国の脅威から身を守るための、やむを得ない開戦であった。

主戦場は朝鮮と満州地域で、当初、旅順攻撃は難航、二百三高地は激戦地をなすも、日本陸軍はなんとか旅順を占領、奉天会戦にも勝利を果たす。劣勢打開のためロシア帝国は、世界最強とも謳われたバルチック艦隊を日本海に派遣するのだが、東郷平八郎率いる士気高き日本の連合艦隊はこれを見事、全滅にいたらしめる。

けれども、この段階ですでに当方の軍事費（国家予算の八年分に相当、増税と内外債発行で調達）は底を突いていた。長期戦ともなれば形勢逆転となること明白の事実、よってアメリカのルーズベルト大統領の仲介のもと、ポーツマス条約（日露講和条約）を明治三八年九月に締結、日露戦争はかろうじてわが国勝利で終決をみる。

これほどの戦争ともなれば、当然、鉄道も軍に協力しなければなるまい。戦時輸送のため「私設鉄道法」に基づく勅令として「鉄道軍事供用令」が公布となり、開戦後、ただちに私鉄各社は軍事輸送最優先の体制をとることとなった。

むろん、関西鉄道とて例外ではない。運賃のダンピング合戦などやっている時ではなかったのである。今回の逓信省鉄道作業局と関西鉄道株式会社との協定成立は、かかる国家的危機という時代の背景が大きく影響していた。

9 歴史の彼方へと消え去った関西鉄道

忍び寄る鉄道国有化

明治三八（一九〇五）年九月の日露戦争終決後、官鉄と関西鉄道との抗争が再開されるのかと思いきや、期待に反し（?）、そういった話とはならなかった。

関西鉄道自体は、明治三七年八月に紀和鉄道（二見〔現・大和二見〕〜和歌山〔現・紀和〕〜南海鉄道接続点間）

を、同年一二月に南和鉄道（高田〜二見〜川端間）を、翌明治三八年二月に奈良鉄道（京都〜木津〜奈良〜桜井間）をそれぞれ合併し、さらなる営業エリアの拡大を図ったものの、明治三九年三月三一日公布の「鉄道国有法」によって、津〜山田（現・伊勢市）間の参宮鉄道ともども、同社線を国が買収、その路線網は国有鉄道に編入されるのであった（明治四〇年一〇月一日）。

あれだけお上に楯突いた私鉄であるのに、ずいぶんとあっけない最後だが、そのお上が法をもって買収に乗り出したとあらば、やはり民は刃向かうことなどできなかろう。

ただ、ときの関西鉄道株式会社の社長片岡直温（大阪財界の顔役の一人で、参宮鉄道、紀和鉄道の社長も務めた人物、大阪鉄道〔初代〕の大株主でもあり、同社の関西鉄道への合併に尽力した）は、鉄道の民営主義を唱えて国有化に反対し、株主、会社とも一丸となって関西鉄道の国有化除外運動を展開したのは確かである。

まあ、時代の流れには逆らえなかった、ということなのだろうか。

片岡直温

私鉄の国有化問題は、明治二〇年代中頃より議論され続けてきた。たとえば、明治二三年に起こった本邦初の経済恐慌によって経営の悪化をきたす私鉄が続出し、株金払い込みの停滞から建設工事の遅れる会社も出た際には、仙台、東京、大津、大阪、広島の各商業会議所より、政府に対し私鉄の買い上げ要請が出された。加えて、新潟や広島の市会など一部の地方公共団体でも、私鉄の買い上げを決議するところが現れている。が、この動きは残念ながら不発に終わった。

明治三〇年の恐慌でも、東京商業会議所、京都商業会議所が翌三一年五月に、政府、貴族院、衆議院宛てに私鉄買い上げの建議を提出している。このときは、これが発端となって、軍部や政府・政党を巻き込んだ鉄道国有化運動へと発展、第一三回帝国議会にて鉄道国有議案の可決をみたうえで、「鉄道国有法案」として第一四回帝国議会に提出されるも、政党内の意見対立などから、結局、審議未了で成立とはならなかった。

他にもいろいろあったが、いずれの動きも、鉄道国有化の推進勢力が、投機師的色彩の強い人物で構成されていたり、それを後援する産業資本や商業資本の要求自体も、突き詰めれば、鉄道の国有化ではなく統一化だったりして、国有化が財界全体の要請とはなっていなかったことなどが、実現にいたらなかった要因と考えられる。

付け加えれば、日清戦争後の軍備拡大を中心とする財政膨張政策の破綻から、非募債主義、健全財政主義が望まれた社会背景も、幾分、影響したようだ。私鉄の買上にはお金がいるだろう。

ところが、である。日露戦争時の軍事輸送では、官鉄（国有鉄道）と私鉄とのネットワークの分離が、軍事的機能を著しく阻害した。これにより、軍部や鉄道官僚は鉄道国有化の意志を強くする。そして、一方の財界も、日露戦争後の経営の重要な方策として、鉄道国有化を容認しだすから、機は一気に熟す。

日露戦争の戦費調達により生じた莫大なる内外債の処理には、国内産業の勃興が急務であることは明らかで、それには国際収支改善のための輸入の減少と輸出の増大が必須であった。なかんずく清国（中国）

市場への輸出拡大は、最重要課題と位置づけられた。綿製品についても、その主力輸出品たる生糸は、生産費に占める輸送費の割合が著しく高い状況にあった。また、綿製品についても、清国市場ではアメリカ製品の台頭に苦戦を強いられていた。問題打開のためには、国内鉄道網の一元化による運賃の低廉化が、どうしても必要だったのである。

「鉄道国有法」の成立

右のような経済的背景から、鉄道国有化に反対してきた財界人の中にも、賛成に回るものが出だす。以前には官鉄の民間払い下げ論を展開した財界の重鎮、渋沢栄一が今回は国有化に賛成したことなどから、鉄道国有化はいよいよ現実味を帯びてくるのであった。

具体的な動きとして、逓信省筋では日露戦争中の明治三七（一九〇四）年より、国有化についての検討を行っており、明治三八年末には「鉄道国有法案」「鉄道国有ノ趣旨概要」「買収価格ニ関スル調書」「買収線路調書」「公債償還ニ関スル調書」ほかを閣議に提出、決定をみる。

渋沢栄一

「鉄道国有ノ趣旨概要」では、冒頭に〝鉄道ハ一般交通ノ用ニ供スルモノニシテ其ノ性質道路ト異ナラス〟とする国有の大原則が掲げられ、続いて国有統一の効果として、運輸の疎通、運賃の低減、設備の整斉が挙げられていた。

また、経営上の利点としては、総経費の節減、運輸費の節約、設備上の節約、貯蔵品の節約、運転上の利便があり、さらに国有化の意義として、①国有鉄道の収入が、煙草や塩の専売と共に国家財政に寄与する、②国有鉄道を担保にして、外債を有利な条件で起こすことができる、③鉄道統一によって産業を振興し、海外発展を図ることができる、④私鉄への外国人の株式投資を防ぎ、軍事輸送の機密を保持できる、ことなどが列挙されるのであった。

日露戦後の情勢を踏まえ、閣議提出時には、とくに③が強調され、産業振興が鉄道国有化の最大目的であるかのように扱われていたという。

まあ、それはそれとして、「鉄道国有法案」ほかは、ときの桂内閣総辞職により、明治三九年一月七日誕生の第一次西園寺内閣に引き継がれて再提出、原案では買収対象私鉄を一七社としていたものを三二社に修正したうえで、閣議決定をみる。二月二七日のことであり、次いで三月六日には第二二回帝国議会に上程、四五人からなる特別委員会に付託され、同月一五日、賛成三〇票・反対一四票の多数で可決となった。

翌一六日は、衆議院本会議にかけられ、議会史上まれにみる大論戦の末、賛成二四三票・反対一〇九票で衆議院を通過、その日のうちに貴族院へと送られる。こちらでも猛烈なる反対にあうものの、三月二七日には、買収対象私鉄を三二社から一七社に減じた修正案（関西鉄道は買収の対象として残る）が賛成二〇五票・反対六二票で可決、同日中に衆議院へと回付された。

さて、即刻、修正案の審議に入った衆議院であるけれど、ここで議場は殴り合いの大混乱を呈する。

特別委員長を務める政友会の長谷場純孝が、討議を省略し、ただちに採決に入ろうとする緊急動議を提出したためである。この日、三月二七日は議会の最終日、賛成派は何としてでも同日中に、法案成立を果たさねばならなかった。

かかる乱闘国会は、結局のところ、反対派議員の全員退場という事態を招くのだが、それでも杉田定一議長は採決強行に至り、結果、賛成二一四票、反対〇票という一方的な採決のもと、鉄道国有法案はついに成立を果たすのであった（反対派議員は主要私鉄の大株主だった三菱財閥の意を受けた者が多かったという）。

三月六日の帝国議会上程から可決成立までの間、わずかに二二日、こんなに短い審議で事を為し、はたしてよかったのかどうかは別として、明治三九年三月三一日、法律第一七号「鉄道国有法」は公布され、同年は、まず一〇月一日に北海道炭礦鉄道、甲武鉄道、続いて一一月一日に日本鉄道、岩越《がんえつ》鉄道、一二月一日に山陽鉄道、西成鉄道がそれぞれ買収となり、翌明治四〇年にも七月一日に北海道鉄道（初代）、九州鉄道、八月一日に京都鉄道、阪鶴鉄道、北越鉄道、九月一日に総武鉄道（初代）、房総鉄道、七尾鉄道、徳島鉄道、一〇月一日に関西鉄道、参宮鉄道が買収となって、幹線系を中心とした主要一七私鉄の国有化は、見事に完了する。

ここで三〇〇四マイル（約四八三〇キロメートル、未開業線を含む）もの鉄道路線が新たに国有鉄道に編入されたのであり、明治四一年三月末日のデータによれば、私設鉄道はわずか四四五マイル（約七一〇キロメートル）なのに対し、国有鉄道は四四五二マイル（約七一六〇キロメートル）と、まさに形勢は逆転、日本は私鉄王国から一気に国鉄王国に、その様相を変じたのであった（これ以降、官設鉄道は国有鉄道と呼ぶ

表2　国有化された17私鉄

	買収哩程（マイル、チェーン）	機関車数	客車数	貨車数	国有化年月日
北海道炭礦鉄道	207.51	79	102	1,759	明治39年10月1日
甲武鉄道	28.34	13	92	316	〃
日本鉄道	860.35	368	857	6,411	明治39年11月1日
岩越鉄道	112.6	6	23	112	〃
山陽鉄道	436.98	152	534	2,075	明治39年12月1日
西成鉄道	4.44	4	23	227	〃
九州鉄道	495.25	256	391	7,148	明治40年7月1日
北海道鉄道	158.77	27	44	300	〃
京都鉄道	22.16	5	60	100	明治40年8月1日
阪鶴鉄道	74.73	17	44	260	〃
北越鉄道	101.34	18	74	298	〃
総武鉄道	73.16	24	121	274	明治40年9月1日
房総鉄道	39.32	9	32	95	〃
七尾鉄道	34.27	4	19	77	〃
徳島鉄道	21.39	5	25	46	〃
関西鉄道	298.96	121	571	1,273	明治40年10月1日
参宮鉄道	38.58	10	88	74	〃

資料：『鉄道局年報　明治三十九年度』『同　明治四十年度』より作成。
注：買収哩程は未開業線を含む。

のが一般的となる）。

かかる体躯の変容により、国有鉄道の運営母体も変革を余儀なくされ、明治四〇年四月一日付で従来の逓信省鉄道作業局を帝国鉄道庁に改め、これが明治四一年一二月五日に内閣直属の鉄道院に移行、大正九（一九二〇）年五月一五日には鉄道省へと発展を遂げる歴史にほかならない（当然ながら鉄道院、鉄道省は私鉄の監督行政を司る役所でもあった）。

隘路に追い込まれた関西鉄道

話を鉄道国有化の段に戻せば、その殿《しんがり》を務めた関西鉄道株式会社は、前にもいささかふれたように、政府の買収に対しある程度の抵抗をみせた。

「鉄道国有法」公布後の明治三九（一九

〇六）年一二月一二日には、同法第一条の〝一般運送ノ用ニ供スル鉄道ハ総テ国ノ所有トス但シ一地方ノ交通ヲ目的トスル鉄道ハ此ノ限ニ在ラス〟という条文が買収対象を幹線に限定すると解釈できるところを、関西鉄道の買収はそれに反しているとの理由で、同社は鉄道国有除外請願書を内閣総理大臣に提出、さらには二日後にも、国有除外請願懇願書を衆議院と貴族院の議員らに送付し賛同を求めている。

たしかに、関西鉄道の路線が幹線なのか一地方の鉄道なのかは微妙な点である。また、幹線中の幹線東海道線との並行路線ゆえに、二重投資を避けるためにも買収の対象外とすべき、といった理屈も成り立とう。日本鉄道と一部区間で競合する東武鉄道も買収の対象外であることだし。

もっとも、同法の買収対象の選別には矛盾点も多く、明らかに一地方の鉄道ととらえられる大阪・天保山（のちに同駅の側線に桜島駅を開設して廃止）間の西成鉄道や、津幡《つばた》・矢田新（のちの七尾港駅）間の七尾鉄道などが対象に入っているかと思えば（前者は重要産業路線と位置づけられるのだが）、大阪（難波駅）と和歌山（和歌山市駅）とを最短距離で結ぶ幹線系の南海鉄道がその対象ではなかったりする。

南海鉄道が買収されなかったのに、関西鉄道が買収されたのは、のちの世に出てくる、とある人物のやり方ではないけれども、目障りな敵は乗っ取って同化させる、ということなのかと、少しく勘繰りたくもなってくる。

過去の抗争の経緯を知れば、二度とお上に楯突けないようにしてやる、と逓信省の鉄道官僚が考え、それが法案に反映されたとしても、決して不自然ではない。まあ、邪推が過ぎるかもしれないが。

関西鉄道の国有化

総理宛の鉄道国有除外請願書提出と同じ日（明治三九年一二月一二日）に開かれた関西鉄道株式会社の株主総会では、国有化は免れないとの空気が場を支配したのか、株主より、買収条件を少しでも有利に導くための複線化や電化（動力の電気併用化）の提案が出され、それを決議する。

結果として、電化は関西鉄道としては実現にいたらなかったものの、複線化については、突貫工事の末、明治四〇（一九〇七）年九月三〇日に柏原〜天王寺間で実現をみる。

「鉄道国有法」による私鉄の買収価額は、買収日の建設費（線路や車両、土地、建物などのいわゆる固定資産額）に過去三年の益金平均割合（利益率）を掛けて二〇倍した額が原則で、それを利率五パーセントの公債で肩代わりさせるという方式であった。

ただし、この計算により出た値が建設費に達しない場合（益金平均割合五パーセント未満がそうなる）、および開業後三年未満の線路については、建設費内で協定する金額とされていた。

かような方式であれば、益金平均割合が五パーセントを超える私鉄ならば、「鉄道国有法」公布以降、買収日までの新投資が買収価額を引き上げ、株主に利をもたらすこととなる。関西鉄道が急遽、複線化に精を出したのも、これならば得心がいく。

ほかの買収対象の私鉄も御同様で、日本鉄道は現在の山手線となる線路の複線化工事を始め、甲武鉄道は御茶ノ水〜万世橋間の延伸工事を手掛けるといった具合。総武鉄道（初代）や参宮鉄道でも複線化工事を行っている。

買収価額引き上げのためかどうかは定かではないが、関西鉄道では、木津付近の線路付け替え工事の認可を、「鉄道国有法」公布後の明治三九年七月に受け、即座に着工。明治四〇年八月二一日には、加茂～木津間の新規接続線が開業して、木津～新木津間の休止線も復活させた（加茂～木津間の線路は木津駅手前まで加茂～新木津間の従来線路を流用。なお、同日付で新木津駅は閉鎖となる）。また、それに伴い、加茂・大仏～奈良間と加茂～新木津間を休止とした。

要するに、加茂、木津、奈良付近の線路配置が今の姿に改められたわけである。

関西鉄道の買収は、明治四〇年四月四日の逓信省告示二三三号により、同年一〇月一日と指定され、実施当日は、政府代表の帝国鉄道庁総裁・平井晴二郎と関西鉄道株式会社社長・片岡直温とが同社湊町事務所にて会見、線路二九九マイル一六チェーン（四八一・五キロメートル、開業していない線路を含む）、車両一九六五両（貨車を含む）他一切の引き継ぎを無事終える。

短い生涯ながらも華麗にして勇猛果敢な生き様を世に見せた関西鉄道は、このとき歴史の彼方へと消え失せ、熾烈を極めた抗争劇も昔語りと化していった。

第二戦

阪神電気鉄道VS阪神急行電鉄

I　蒸気鉄道に喧嘩を仕掛けた電車

本邦初のインターアーバン

政府において鉄道国有化の議論が展開を見せはじめたころであろう明治三八（一九〇五）年の四月一二日、関西地方の大阪と神戸の間で、わが国最初の都市間連絡高速電車（インターアーバン）となる阪神電気鉄道が開業を果たす。

この日より、大阪の出入橋（西梅田）と神戸（三宮・雲井通八丁目）をつないだ世界標準軌間（ゲージサイズ）四フィート八インチ半（一四三五ミリ）を採用する複線の線路上を、最高速度時速四〇マイルにも達する大型ボギー電車が颯爽と走り抜け、両都市間は八〇分で結ばれるのであった。

開業当日は、大阪と神戸の両ターミナルに装飾のアーチを設置、色彩豊かな旗も掲げられて、また途中の福島と野田の間では煙火も打ち上げられるなど、沿線の各地は電車開業の祝賀ムード一色に染まったという。

ちなみに、阪神電気鉄道が標準軌を用いたゲージサイズだが、官設鉄道＝国有鉄道のそれは、イギリスが自国の植民地で多用した狭軌と呼ばれる三フィート六インチ（一〇六七ミリ）であり、「私設鉄道条例」「私設鉄道法」に準拠する私鉄各社も原則、それに合わせなければならなかったことは、すでにご案内の通り。

なのに、である。阪神電気鉄道は、どうして世界標準軌を採用することが叶ったのだろうか。まあ、それはのちほど。

「滑るが如き電車の初乗り、煤煙は飛ばず」

この、いわゆる「阪神電車」の開業初日の様子を報じる『大阪朝日新聞』の試乗記事が『阪神電気鉄道百年史』に掲載されているので、引用してみる。

> 天気は好し、気候は申し分なし、春風に駕《が》して、阪神電鉄の出来立ての新車両にて飛ばして見んと、稲野翁と相伴ふ。
>
> 今日（十二日）は電鉄開通の第一日なり。午前五時の定刻に晩れず、イの一番にて出入橋を発す、舟は新造の乗心地、それよりも心地好きは、滑るが如き電車の初乗り、煤煙は飛ばず、窓は大きくて明るく、八十人乗りのボギー式、見渡す限り早や菜花真盛りの黄金世界。
>
> 風暖かく福島より、ひろびろしたる野田打過て、新淀川の大鉄橋二千三百五十八呎《フィート》、スルスルと夢の如く、対岸の稗島《ひえじま》より、鯉掴みに名高き大和田、佃、杭瀬を過ぐれば、尼崎の町は已《すで》に眼に入り、大物にて乗降客殊に多く、尼崎、出屋敷を離れて、武庫川の左岸に停まる中、飽迄《あくまで》も沙明《しゃめい》松翠《しょうすい》の磧の景色を慰み、遠くなり近く鳴尾の潟近み、今津より西宮東口にかかり、戎《えびす》神社の茂み

を左に見て、打出の浜を眺め、左は国道、右は鉄道線路に挟まれて、深江、青木、魚崎、住吉いつの間にか過ぎ去りて、向ふに御影《みかげ》、石屋川、東明《とうみょう》なる電鉄会社前にて一寸《ちょっと》一ぷく、新在家、大石、岩屋を跡に、海陸連絡線の築堤下をくぐり、新生田川、旭通、身は已に神戸の人となりて、加納町の踏切前には、物見高き群衆混雑。一時間と二十分余にして此の行を了《おわ》り（中略）此の通信及び画稿とも、即ち電車便に託したるなり。

〝打出の浜を眺め〟などのくだりから、今では考えも及ばないほどに長閑《のどか》な車窓であったこと思い知らされるのであるが、それはそれとしても、この文中の〝滑るが如き電車の初乗り、煤煙は飛ばず〟の部分が、あらゆる点において本件の肝といえよう。

あらためて申し述べるのも、いささか野暮かもしれないが、いままでに出てきた官設鉄道も日本鉄道も関西鉄道も、これらはすべて蒸気鉄道であった。

ところが阪神電気鉄道は、〝電気鉄道〟の文字通りに、煤煙無縁の「電車」による運転だった点が最大の見所なのである。

その電車が、〝左は国道、右は鉄道線路に挟まれて〟との文面からも察せられるように、既存の蒸気鉄道たる官設鉄道（国有鉄道）を相手に大阪～神戸間で抗争を演じたから、それはかつての官鉄対関西鉄道の諍《いさか》い、すなわち蒸気鉄道同士の競合とはまたひと味も二味も違った話の展開を見せるわけで、これもまた愉しからずや、となる次第。

2　明治中期に巻き起こった電車ブーム

電車の登場

わが国における「電車」の歴史は、本邦初の総選挙が行われ、帝国議会の開かれた年でもある明治二三（一八九〇）年に端を発している。この年の五月四日、東京は上野公園にて開催された第三回内国勧業博覧会の会場において、それが一般公開の機会を得たのである。

明治二三年といえば、博覧会開催直前の四月一六日には、かの日本鉄道会社が一ノ関まで路線を延伸、さらに同年一一月一日には盛岡までの開業をみることとなる。また、例の関西鉄道会社も一二月二五日に四日市〜草津間の全通を果たすことは、前の話でもふれた通り。まだまだ鉄道黎明期といえる時期であった。

さて、日本初お目見えとなった電車だが、それは東京電灯会社の藤岡市助技師がアメリカ視察の際に、ブリル社から四輪単車のスプレーグ式電車二両を購入したもので、博覧会場には一七〇間（約三〇〇メートル）の仮設線路が敷かれ、来場者に有料で試乗させたと伝えられる（仮設線は五〇〇メートルとする文献もある）。

「スプレーグ式電車」とは、アメリカ人のフランク・スプレーグなる人物がバージニア州のリッチモンドという地で一八八八年に走らせ、実用化に成功した代物で、線路の上にはった架空線（架線、電車線）から集電を行うのが最大の特徴といえる（かかる方式が日本国では「電車」のスタンダードとなる）。

会場では、電車二両が午前八時から午後五時までの間、三分間隔で運転され、乗車賃は片道二銭、往復三銭だったという。

むろん、この煙の出ない画期的な輸送道具は、人々の感心をひき、以降、巷《ちまた》では一大電車ブームが巻き起こって、全国各地で電気鉄道の出願が相次ぐこととなる。

阪神電気鉄道創業者の一人でもある小曾根《おぞね》喜一郎も、会場において電車に試乗している。きっと、大いなる刺激を受けたに違いない。

第三回内国勧業博覧会で披露されたスプレーグ式電車

時代は、日本初体験の経済恐慌によって第一次私鉄創立ラッシュが沈静化へと向かったころであるけれども、官設の東海道線は前年に全通しており、日本鉄道会社線や関西鉄道会社線も先の通りのように、各地で官鉄や「私設鉄道条例」準拠の私鉄といった蒸気鉄道が路線網を拡大しつつあった。そんな陸上交通の発展期に、斬新なる電車が現れたわけだから、それは新し物好きの明治の起業家らが放っておくわけがない。電気鉄道の出願が相次いだのも、当然といえば当然であろう。

実のところ、この電車ブームが第二次私鉄創立ラッシュを生み出したといっても過言ではないのである。
で、第三回内国勧業博覧会が開かれたその年の八月に、都合良く公布をみた「軌道条例」が、電車の普及に一役買うこととなる。

「軌道条例」の成立

この「軌道条例」は、原則、道路面に線路を敷設する馬車鉄道が起源の「軌道」に対し、はじめて設けられた統一的な法規で、これが大正一〇（一九二一）年には、今も健在の「軌道法」へと発展する。

第一戦の話において〝鉄道総延長（軌道を除く）〟といった表現をしている箇所が存在するが、「軌道」（tramway）は広義では鉄道の一部としてとらえられるも、法規上は官設鉄道（＝国有鉄道）や私設鉄道（およびのちの軽便鉄道、地方鉄道）などの「鉄道」（railway）とは、まったくの別物として取り扱われている。

所管官庁を見ても、今でこそ両者ともに国土交通省の管轄であるが、その経緯は少々複雑である。

まず「鉄道」は、鉄道局（内閣直属）→鉄道庁（内務省外局→逓信省

表3　鉄道の監督官庁の変遷

監督官庁	時期	監督官庁	時期
民部大蔵省 鉄道掛	明治3年3月19日〜	逓信省 鉄道局	明治26年11月10日〜
民部省 鉄道掛	明治3年7月10日〜	鉄道院（内閣直属）	明治41年12月5日〜
工部省 鉄道掛	明治3年閏10月20日〜	鉄道省	大正9年5月15日〜
工部省 鉄道寮	明治4年8月14日〜	運輸通信省 鉄道総局	昭和18年11月1日〜
工部省 鉄道局	明治10年1月11日〜	運輸省 鉄道総局	昭和20年5月19日〜
鉄道局（内閣直属）	明治18年12月22日〜	運輸省 鉄道監督局	昭和24年6月1日〜
鉄道庁（内務省外局）	明治23年9月6日〜	運輸省 鉄道局	平成3年7月1日〜
鉄道庁（逓信省外局）	明治25年7月21日〜	国土交通省 鉄道局	平成13年1月6日〜

外局）→逓信省鉄道局→鉄道院（内閣直属）→鉄道省→運輸通信省→運輸省ときて、国土交通省に至る、という流れである。これに対して「軌道」は、馬車鉄道開業時より道路を管轄した内務省が監督しており、戦後は内務省変じた建設省の管轄となって、国土交通省誕生まで、この両者を分ける省庁の縄張りの壁が維持されていく（「軌道条例」制定の直後、「鉄道」側の監督官庁も内務省外局の鉄道庁になるという、壁の低かった時期も存在する）。

ただし、理由はのちに述べるが、明治四三年以降は、内務省（→建設省）と並んで鉄道院（→鉄道省〜運輸省）も「軌道」を監督するようになるので、「鉄道」と「軌道」が行政管理上完全に分けられていたのは明治期に限る、という見方もできよう。

で、電車の普及に「軌道条例」が貢献したというのは、電車ブームの波に乗っかって新たに開業した電気鉄道が、ことごとく同条例により特許（「鉄道」における免許に相当）を与えられたものであったからである。

産声をあげたばかりの電車は、あくまでも道路交通近代化の手段として捉えられ、一般の鉄道と競合するような存在とは思われなかった。よって、電気鉄道には、馬車鉄道や人車鉄道を監督する「軌道条例」が適用となり、監督官庁も蒸気鉄道を管轄する鉄道庁ではなく、内務省土木局とされたという次第。

結果、当時の電気鉄道は、正確には「電気軌道」である。

まあ、既存の馬車鉄道が電気動力を導入して電気軌道（路面電車）へと華麗なる変身を遂げるケースも散見されるので、この監督体制は的を射たものであったのかもしれない。

馬車鉄道の電気軌道への衣替えは、国府津《こうづ》～箱根湯本間の馬車鉄道を電化して明治三三年に小田原電気鉄道とした例が最初で、明治三六年に電車による運転を開始する東京馬車鉄道改め東京電車鉄道（社名の改称は明治三三年）などがその後に続いた。

電車運転のはじまり

この東京電車鉄道は、競合する東京市街鉄道、東京電気鉄道（いずれも電気軌道経営者）と明治三九（一九〇六）年に合併し東京鉄道となるも、その路線は明治四四年に東京市電気局（東京都交通局の前身）に経営移管される。すなわち、都電の先祖といえる存在なのであった。

また、東京電車鉄道の前身たる東京馬車鉄道は、薩摩出身でアメリカ帰りの銀行家、種田誠一や谷元道之らが発起して明治一三年に設立された会社で、同社は明治一五年六月にはもう、新橋～日本橋間の馬車鉄道を開業させている。

通常、日本最初の私鉄として案内される日本鉄道の創立は明治一四年、第一弾の上野～熊谷間の路線開業は明治一六年だから、動力を馬にまで拡げて見た場合、わが国における私鉄第一号は東京馬車鉄道という捉え方もできよう。

それはともかく、いわゆる蒸気鉄道が、動力を電気併用として電車を走らせた例も明治後期以降、いくつか見られる。

草分けは、鉄道国有化の段にも登場した甲武鉄道（「私設鉄道条例」～「私設鉄道法」準拠）であり、明治

甲武鉄道・飯田町〜中野間電化当時の電車

三七年には東京市街区間の飯田町〜中野間で電化を完成、電車運転を初めている。これこそ正真正銘「電気鉄道」といえる存在である。そして、この区間は国有化後に中央線（中央本線）となるゆえ、国電のことはじめという認識もなされている。

甲武鉄道がいち早く右の区間の電化に踏み切ったのは、東京市街鉄道が都心と新宿とを結ぶ電気軌道を開業させたことの対抗策だと伝えられる。だからであろう、飯田町〜中野間では電車による一〇分間隔の運転が実現した。当初は考えてもみなかった電車（路面電車）と〝一般の鉄道〟の競合が、早い段階から生じていたというわけである。

電車ブームによる電気鉄道の相次ぐ出願から、政府内ではその所管官庁について、これも早い段階で内務省土木局と逓信省鉄道局との間で、縄張り争いが繰り広げられていたようである。で、明治二五年には、道路上に線路を敷設し、一、二両の車両を緩速で運転するものを「軌道条例」準拠、道路外に線路を設けて多数の車両を連結し走るものを「私設鉄道条例」準拠とする、両省の管轄の一応の基準が合意される。

甲武鉄道の電車は〝多数の車両を連結〟こそしなかったものの、「私設鉄道条例」の後身「私設鉄道法」準拠の初の電気鉄道ということができる。

すなわち、それ以前に全国に雨後の竹の子のごとく現れ出した電気鉄道は、既述と重複するが、ことごとく「軌道条例」による電気軌道だったということになる。

その〝雨後の竹の子〟の勢いは凄まじいもので、主力は馬車鉄道を路面電車化したものではなく、新たに出願された電気軌道であった。

わが国最初の営業用電車の運転開始は、第三回内国勧業博覧会開催から五年後となる明治二八年のこと。場所は奇しくも、この年に第四回内国勧業博覧会が開かれる京都で、京都電気鉄道なる会社が二月一日、京都市塩小路（京都駅七条口南側）と伏見下油掛通間の竹田街道上に四・三マイルの電気軌道伏見線を開業させる（その後、同社は京都市内に路線網を拡げていった）。

京都電気鉄道は京都の財界人が明治二五年に出願、明治二七年の会社創立を経て工事に着手、一年後に見事、電車を走らせたわけだが、以降も、明治三一年に名古屋電気鉄道、三二年に大師電気鉄道（後の京浜電気鉄道）、三三年に豊州電気鉄道、明治三四年に江ノ島電気鉄道といった具合に、「軌道条例」準拠の電気軌道（路面電車）が全国そこかしこで新規開業を迎えるのであった。

3　阪神電気鉄道開業までの道程

限りなく「鉄道」に近い「軌道」

かかる電車開業相次ぐ最中の明治三八（一九〇五）年、阪神電気鉄道も産声をあげる。これも社名に〝電気鉄道〟の文字が躍るものの、法規上はやはり電気軌道であった。世界標準軌の四フィート八インチ半（一四三五ミリ）というゲージサイズが採用できたのも、「軌道条例」にはその規制がなかったためである。

この阪神電気鉄道は、それまでに開業した電気軌道とは実に一線を画する出来映えのものとなっていた。

従来の電気軌道は、一番手の京都電気鉄道の伏見線自体が市街交通というよりも、郊外線あるいは都市間連絡という機能を持っていたように、決して市街地に限定される存在ではなかったのだが、基本的には、あくまでも道路上を走る路面電車に過ぎなかった。

しかるに阪神電気鉄道は、大阪と神戸を結ぶ本格的な都市間電車であるだけに、道路上を走る「併用軌道」の区間はほんのわずかで、その多くが道路とは別の専用の敷地に線路を敷設した「新設軌道」となっていたのである。

そこを最高速度時速四〇マイルで電車が飛ばしたのだから、それは既存の蒸気鉄道である大阪〜神戸間の官鉄は真っ青となったであろう。

阪神電気鉄道が「軌道」でありながらも、実体は限りなく「鉄道」に近い存在たることを許されたのは、「軌道条例」の拡大解釈によるものだったという。

その話の前に、阪神電気鉄道誕生までの経緯を簡単に紹介しておこう。

摂津電気鉄道の設立

同社は、明治二六（一八九三）年一一月、小曾根喜一郎、浜田篤三郎、鹿嶋秀麿、村野山人、中嶋成教、藤田松太郎、谷新太郎などの神戸市と周辺地域の在住者を中心した面々が、神戸〜大阪間の国・県道沿いに貨客輸送を目的とする電気鉄道敷設を計画したことが端緒といえる。

このうち浜田、鹿嶋、村野は同年九月出願の神戸電気鉄道（神戸市電の前身）の発起人でもあった。

そして、同月二八日には、谷新太郎、藤田松太郎、辰栄之助、武川吉三郎、馬渡俊郎の五人を発起人として、願書を兵庫県庁へ提出、社名は神阪《しんぱん》電気鉄道株式会社で、その路線はさしあたり、軌道条例準拠の国道上敷設を原則とする、神戸市加納町から川辺郡尼崎町までの間とされていた。

のちに本件この企ては、発起人総勢三〇人（神戸の政財界人や郡部在住の地方実業家などが中心）を数える摂津電気鉄道株式会社の出願へと発展する。

一方、明治二八年五月には、大阪の有力財界人である藤田伝三郎、松本重太郎、住友吉左衛門、田中

阪神電気鉄道初代社長・外山脩造

市兵衛（大阪商船）らと、京都電気鉄道の発起人であり同社の筆頭株主で監査役の外山脩造や、東京在住の原六郎といった顔ぶれによる大阪〜神戸間の坂神電気鉄道の計画が発起にいたる。

また、これとは別に、神戸勢の摂津電気鉄道に接続すべく大阪〜尼崎間の電気鉄道を画策する大阪の一派も存在したが、こちらはやがて、先の大阪勢と合同を果たした。

で、この大阪財界の有力人物に加え、東京の鉄道実業家をも巻き込んだ大阪〜神戸間の坂神電気鉄道は、「私設鉄道条例」による出願を意図していた。ゆえに、全線が専用の敷地に線路を敷設することとなろう。ここが、神戸勢の計画とは大きく違った点である。

そのような高規格のインフラを生かして阪神間を三〇分で結び、加えて、大阪、神戸の両ターミナルでは一〇分ごとに電車を発車させ、乗客を一〇分以上待たせないこと、さらには、運賃は官鉄の半額とすること、などが考えられていたという。

けれども、ほぼ同一の区間で共願となる神戸勢の摂津電気鉄道と大阪勢の坂神電気鉄道の計画は、このままでは共倒れとなる可能性もあり、問題解決のため、明治二九年七月、両派の間で合併契約が結ばれた。

社名については、計画として先にあった神戸勢の「摂津電気鉄道」の名を継承したが、大阪勢の大阪

〜神戸間を高速電気鉄道でつなぐという計画も、社内にて温存される。

それで迎えた明治三〇年六月二九日、摂津電気鉄道が出願していた神戸市加納町〜尼崎間の軌道敷設に関する特許が、あくまでも国道上に線路を敷設することを前提に、下付をみる。軌道は狭軌で、速度は時速八マイルを超過することまかり成らず、また、二両以上の連結運転もできないなどの条件がついた、まさに路面電車を想定したものだったが、これで一応は阪神間の電車運転も、実現に一歩近づけたということ。まずは、めでたしである。

次いで、明治二八年五月に追加出願した尼崎〜大阪（上福島）間の軌道特許も、明治三一年八月二二日には下され（新淀川の橋梁箇所は新設軌道とする条件）、結果、阪神間の電気軌道は、全線がお上より敷設を許されたのであった。

このことを受けて、明治三二年六月一二日、摂津電気鉄道株式会社は正式に設立を果たす。役員構成は、神戸勢と大阪勢双方のバランスが図られたが、社長については大阪勢の外山脩造が就任した。

ところで、神戸市加納町〜尼崎間の特許が出願から下付まで四年もの歳月を要したのは、なぜなのだろう。これはやはり、官鉄との並行線ということが問題視され、政府内に意見対立を招いたようなのである。

その対立に関し『阪神電気鉄道八十年史』は次のように記述する。


逓信省次官鈴木大亮が、既成鉄道の利益を害するので許可すべきではないと主張したのに対し、

内務大臣・樺山資紀

時の内務大臣樺山資紀《かばやますけのり》は、閣議において「本件電気鉄道（編注：当社のこと）の如きは、主として道路上に敷設し、車輛も二輛以上を連引せしめず、速力も亦《また》一時間八哩《マイル》を超過せしめざるものにして、実際道路交通を補助するに止るものなり。而《しこう》して該地方は運輸交通頻繁の場なるに由り、本件電気鉄道敷設の為、既成鉄道に対し多少の影響を及ぼすものとするも、之が為著しき障害を与ふるが如きこと無しと認めらるるを以て許可せんとす」（『明治工業史土木篇』）と述べた。阪神間の交通事情を考慮に入れた現実的な考えである。

さらに将来の問題としても、内務大臣は「逓信省の意見の如く苟《いやしく》も既成鉄道に併行敷設するものは該鉄道に対し障害を与ふるものとして、之を許可せざるに於ては、益《ますます》発達せんとする文明の利益も、之を利用せしむること能《あた》はざるに至るべきを以て、其の既成鉄道に対し、著しき障害を与へざるものと認めるものは、之を許可せんとする」（前出書）と、大所高所の立場に立った文明論から、官線と並行する電気鉄道の許可を主張した。

結局、閣議では結論を得るまでには至らなかったが、その後、内務・逓信両次官および内閣書記官長との間に数回交渉を重ねた結果、翌三〇年六月には逓信省も「軌道条例に依る電気鉄道は多少既成鉄道に妨害を与ふべしと雖《いえど》も、其の存立を妨ぐる程のものにあらず」と、内務省の主張を認めるところとなった。

このようにして、当社の登場は、鉄道行政に新しい判断を提供する一つの契機となったのである。

この段階での摂津電気鉄道の路線は、まさしく路面電車そのものだから、官鉄（官線）の運営母体でもある逓信省も、多少の疑念は抱いたものの、いたって甘く見ていたようである。のちに電気軌道が〝多少既成鉄道に妨害を与ふべし〟程度のものではなくなることなど、想像もできなかったのだろう。

阪神電気鉄道に改称

設立を果たしたばかりの摂津電気鉄道株式会社は、明治三二（一八九九）年七月七日の株主総会において、早くも社名を「阪神電気鉄道株式会社」と改める。

「摂津」という旧国名では地域イメージが漠然としているため、他の鉄道会社が多用する起終点の地名に依拠する方式に倣《なら》って「阪神」と名付けたということだが、経営トップの構想としては、旧来の道路上に敷設する速度の遅い電気軌道（路面電車）から、阪神間を高速で結ぶ近代的な都市間電気鉄道（大阪勢の計画）への明確な方向転換が意図されていたらしい。

すでに軌道条例により特許を得ている阪神電気鉄道の路線は、道路敷設部分が約九マイル五一チェーン三六リング（約一五・五キロメートル）、新設軌道敷設部分が七マイル四七チェーン六一リング（約一二・二キロメートル）、河川橋梁が一マイル一四チェーン三二リング（約一・九キロメートル）で、新設軌道部分が多かったのだが、同条例による限り速度は時速八マイル（時速一二・八キロメートル）に制限されてしまう

阪神電気鉄道技師長・三崎省三

（内務省は明治二八年七月、軌道条例による電気鉄道（電気軌道）の電車の最高速度を時速八マイルまでと定める）。これでは到底、官鉄に太刀打ちなんぞできない。

当時の阪神電気鉄道の経営陣は、軌道条例による狭軌の路面電車的な計画を推し進めようとする消極派（神戸勢が中心）と、官鉄との競争に十分に絶えうる標準軌高速電気鉄道を目論む積極派（大阪勢が中心）とに分かれていたのだが、外山社長を中心とする大阪勢が経営の主導権を掌握するにつれ、後者の構想を実現させる動きが活発となって、明治三二年九月一八日の取締役会で私設鉄道条例による免許の再出願を決議、同年一〇月一八日の株主総会提案へと向かった。

それにしても、である。私設鉄道条例で大阪勢が意図する標準軌高速電気鉄道など実現できるのだろうか。

前例がないため、お上が認めるのは難しかったと思う。官鉄に並行する「鉄道」ということも大きな壁となろう。下手をすれば、このゴタゴタをいいことに、軌道条例による特許も取り上げられてしまうかもしれない。

まあ、結局のところ、取締役会は私設鉄道条例による再出願を断念、軌道条例の枠内でいかにして高速電気鉄道を実現させるかの研究に注力することとなった。

外山社長の命によりアメリカの電気鉄道実体調査に出向いた技師長・三崎省三の持ち帰った最新情報

から、車両はわが国においてかつて無い最新式の大型ボギー電車（一両に四五馬力の電動機を四個装備）を導入、軌間（ゲージサイズ）についても、狭軌三フィート六インチから標準軌四フィート八インチ半への変更を決め、双方ともに政府当局の許可を得ることに成功する。

残る課題は、速く走るために、併用軌道区間を少なくして、新設軌道区間を多くする工夫である。

これに関しても、この頃、逓信次官の職にあった古市公威（日本初の工学博士で、内務省土木局長・土木技監などの職を歴任、明治三〇年代以降は鉄道行政最高責任者の一人となる）が軌道条例準拠の「軌道」について、「軌道のどこかが道路についていたらよい」（全線のうち、ほんのわずかな区間だけでも道路上に敷設していれば、それでよろしい）という粋な裁量を世に示したため（法規の広義解釈）、阪神電気鉄道の道路敷設部分は住吉、御影付近および神戸の終点近くのわずか三マイルに留まることで決着をみた。

全線一九マイル一チェーン（約三〇・六キロメートル）に対しての三マイルだから、ほんとうにささやかなものだ。軌道条例による標準軌高速電気鉄道の見事、完成である。

古市公威

4 阪神電車開業で蒼くなる官鉄勢

官鉄と真っ向勝負

かような流れを経て、明治三八（一九〇五）年四月一二日に開業したのが阪神電気鉄道である。で、そのルートだが、大阪～三ノ宮間の官鉄が中国・西国街道筋よりもかなり北に外れたところを通って、途中の停車場も神崎（現・尼崎）、西ノ宮（現・西宮）、住吉の三駅しかなかったのに対し、阪神電気鉄道のほうは、街道筋の主要集落をこまめに縫って進む恰好で、中間の停留場も三二ヵ所を数える有り様であった。

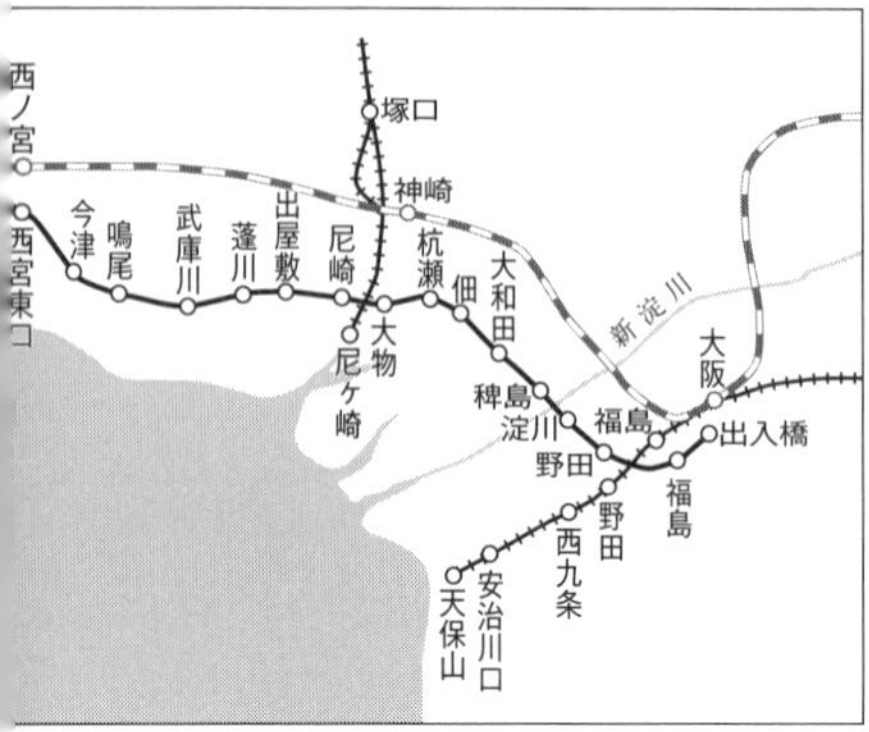

そこを電車は、上下ともに五時から二二時までの間、一二分間隔で走り、出入橋～神戸（三宮）間の所要時間も、わずかに一時間三〇分でしかなかった。もっとも、これは表向きで、実際は一時間二〇分以内であったという。

また、運賃は全線を四区に分け、一区五銭として、出入橋～神戸（三宮）間は二〇銭と定められた（このほか、出入橋～淀川間など五区間については一区三銭の特別区間とされた）。

図2　明治38年4月開業時の阪神電気鉄道路線図

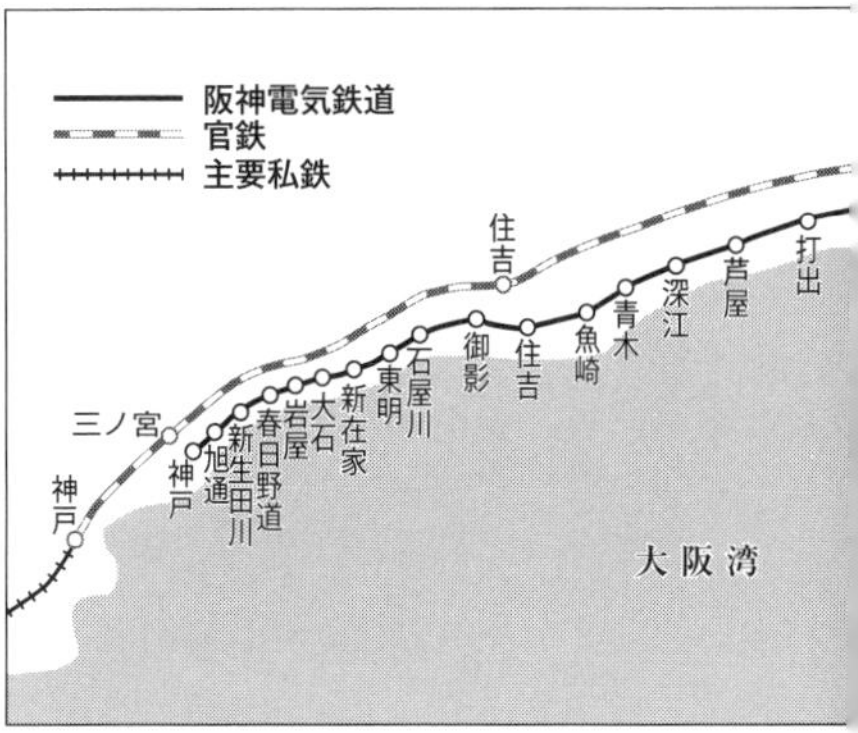

かたや官鉄はといえば、各駅に停車する（と、いっても途中三駅だが）普通列車が大阪と三ノ宮を五五分から六〇分で結んでいたのだが、運転本数はせいぜい一、二時間に片道当たり一本程度のもので、その三等運賃も三六銭と電車よりもかなり高かった。

加えて、官鉄の阪神間の途中駅は少なく、いずれもが街道筋の集落から離れていたのだから、三二ヵ所もの停留場を各集落最寄りに用意する電車に勝てるはずがない。

『阪神電気鉄道百年史』では、同社線開業による官鉄線（官設線）への影響を、以下のように記している。

　官設線の建設・保存・運輸などの業務を掌《つかさど》る鉄道作業局では、阪神電鉄が大阪・神戸間の運行に要する時間を二時間と推定していたため、当初は阪神電鉄線開通の影響を軽視していた。しかし、実際に阪神電鉄が開業すると、官設線の三等乗客は「下り列車のみにて乗客数約七百四十人其の賃銀（編注：運賃）百七十一円九十四銭の減収」といわれたように、官設線にとって容易ならざる影響を与えた。

阪神電気鉄道第一号車

阪神電気鉄道開通前後の官鉄線阪神間各駅の三等乗客の数を見比べた結果、〝下り列車のみにて乗客数約七百四十人其の賃銀（編注：運賃）百七十一円九十四銭の減収〟とのことだが、これに上り列車の三等乗客の分を加えると、減収額は三五〇円前後となったらしい。むろん、そのほかに一・二等乗客の減少も見られたから、事態は深刻といえる。

『鉄道時報』明治三八年五月二七日号では、阪神電気鉄道開業後の官鉄線の受けた影響を細かく分析しているのだが、とくに乗客の減少が著しかったのは西ノ宮駅と住吉駅であり、前者の場合、電車開業前の明治三八年四月一日から一一日までの乗車人員と、開業後の同年四月一九日から三〇日までの乗車人員を比較すると、開業後は八五パーセントもの減少、後者についても開業前比八四パーセント減という悲壮感漂う状況が伝えられている。

ただし、大阪駅と神戸駅では影響はさほどでもなく、よって長距離の乗客は官鉄線を利用し、短距離の乗客は電車を利用するようになったと結論づけた。要するに、官鉄線の中間三駅と大阪または神戸間を移動する乗客が、ことごとく電車に流れていったというわけである。

当然ながら阪神電気鉄道は、阪神間の乗客のさらなる獲得のため、スピードアップに精を出す。開業直後の五月、運転間隔を一〇分に短縮、出入橋〜神戸（三宮）間の所要時間も正式に八〇分としたのを皮切りに、九月には九分間隔運転の所要時間七二分と、さらなる改善が図られた。

さらにさらに、である。明治四〇年一一月には六分間隔の阪神間所要時間六六分運転を実現、そして明治四三年一〇月に六三分、大正三（一九一四）年九月に六二分と、小刻みながら運転時分が切り詰められていった。

飛ばす阪神、焦る官鉄

そのかたわら、明治三九（一九〇六）年一二月二一日には、大阪側のターミナルを出入橋から、より都心に近い梅田に変更、アクセス面での利便性も高められた（神戸側のターミナルも大正元年に三宮から少し南に下った滝道となるが、昭和八年の岩屋〜三宮間の地下線開通によって、再び三宮に戻る）。

これでは官鉄もぐうの音も出なかったであろう。ただ、阪神電気鉄道開業直後の極端な乗客の減少に対し、鉄道作業局は何も考

阪神電気鉄道・梅田停留場

えていなかったわけではなく、自衛策として京都・大阪〜神戸間の急行列車を含む列車の増発、大阪〜神戸間の停車場増設、回数乗車券や定期乗車券の乗車賃割引率をより一層、低率に引き下げることなどの検討に入った。

が、なかなかすぐには実現にいたらなかった。鉄道国有化にともなう内部的なごたごたで、それどころではなかったのかもしれない。

ただ、明治四〇年の後半ぐらいには、国有鉄道が導入した往復運賃割引制度により、阪神電気鉄道の運賃収入が伸び悩んだりもしている。

5 速度違反前提の出血大サービス

速度制限もなんのその

ところで、軌道条例準拠の軌道線では、電車の最高速度が時速八マイル（時速一二・八キロメートル）に制限されていたはずである。

その制限速度ならば、電車は出入橋〜神戸（三宮）間一九マイル一チェーンを二時間以上かけて走らなければ、つじつまが合わない。

そう、冒頭にも〝この日より、最高速度時速四〇マイルにも達する大型ボギー電車が颯爽と走り抜け、両都市間は八〇分で結ばれるのであった〟と記したように、法令による制限速度なんぞ、端《はな》から無視していたのである。

そもそも最高速度の時速八マイルというのは、路面電車を想定してこしらえた掟であって、大部分が新設軌道の阪神電気鉄道にとっては、まったく意味を成さない。だから、当初より法定速度なんか守る気はなかったのだろう。

とはいっても、電車開業当初ですら出入橋～神戸（三宮）間八〇分の運転では、誰が見ても制限速度オーバーは明白である。当然、劣勢の官鉄関係者、すなわち鉄道作業局の役人なんかが電車に乗り込んで実地検分のうえ、監督官庁（内務省）へ通告したりもする。

まあ、当時の電車にはスピードメーターはなく、また「スタフ」と呼ばれる運転士の携帯時刻表に記載の主要停留場名も「西宮」を「N」と表示するなど、多少の小細工が施されていたので、官鉄勢も確たる証拠は、なかなか得にくかったのだが（「スタフ」という鉄道用語は、法規上は単線区間の非自動の閉そく方式のひとつである「スタフ閉そく式」（旧国鉄が用いた呼称は単に「通票式」）での通票の名称だが、阪神電気鉄道や阪急電鉄など関西私鉄の一部では、伝統的に運転士の携帯時刻表を「スタフ」と呼んでいる）。

ただ、それでも、通告を受けたその筋から阪神電気鉄道に対し、ときたま速度違反の注意があったという。が、乗客の要望に応えるため、できるだけ速く走ることを心掛けている、と、同社は毎度毎度、うまくかわしたようだ。このへんが「お上何するものぞ」の関西気質といえようか。

もっとも、監督官庁自体が電車による交通の発展のため、速度違反を黙認していたのではないか、といった見方もある。〃ときたま〃の注意も、昔、テレビの「必殺シリーズ」で中村主水が商人から袖の下をもらいながら、「目立たネェようにやんな」と言っていたが、その程度のお小言だったのかもしれない。

いずれにしても、阪神電気鉄道が実現させた軌道条例による高速電気鉄道は、他方面に多大な影響を与え、これ以降、同条例をうまく利用した国有鉄道の競合路線が、全国各地に数多く誕生していく。

関西地方だけをみても、明治四三（一九一〇）年開業の大阪（天満橋）～京都（五条）間の京阪電気鉄道、大正三年開業の大阪（上本町（現・大阪上本町））～奈良（現・近鉄奈良）間の大阪電気軌道といった面々があげられようか。むろん、これらは、路線の大部分が新設軌道であり、当然ながら法定制限速度の時速八マイルなんぞは守られることがなかった。

淀川鉄橋を渡る京阪電車

千鳥式運転の実施

このように路面電車のみでなく、都市間の高速電車までもが軌道条例により出現してくると、内務省だけでこれを認めるのであれば、国有鉄道との競合路線（並行線）を抑えることができない。そこで、前にも少しふれたが、明治四三（一九一〇）年からは、鉄道国有化に伴う組織の見直しによって誕生した鉄道院（国有鉄道の運営と私鉄の監督行政を司る内閣直属の組織、のちに鉄道省へと発展する）が、内務省と並んで「軌道」を監督することとなったのである。

阪神電気鉄道・御影停留場（明治43年）

とはいっても、阪神電気鉄道という前例を作ってしまった以上は、時代の流れ、うねりから、いくら鉄道院が絡んだとて、国有鉄道に影響をもたらす高速電気鉄道の開業を抑制することなど、もはやできなかったであろう。

で、その後の阪神電気鉄道だが、阪神間の需要に限ってみれば、鉄道院線（国有鉄道）はもはや敵ではなく、ほぼ独占状態が続いていく。

激増する輸送需要に対し、車両数は不足ぎみで、大正八（一九一九）年には俗に「千鳥式運転」と呼ばれる画期的な運転方式も編み出された。

何かといえば、梅田〜尼崎間を一号区、尼崎〜西宮間を二号区、西宮〜御影間を三号区、御影〜神戸（滝道）間を四号区という具合に、全線を四区に分けたうえで、電車に「一‐三」「二‐四」「一‐二‐四」などの符号をつけ、各電車がそれぞれに与えられた符号の区間にしか停車しないというやり方である。

たとえば、「二‐四」という符号を掲げた電車ならば、停車するのは、下りの場合、梅田を出ると尼崎〜西宮間の各停留場および御影〜神戸（滝道）間の各停留場となる。これにより、途中からの乗客は分散乗車となって、結果、電車の増結を回避できるだけでなく、所要時間や運転間隔が縮められ、車両の運用効率（回転率）も上がるという仕掛け。

前例のない大型ボギー電車の導入や、この千鳥式運転などなど、阪神電気鉄道はほんとうに発想が豊かである。

前に私設鉄道条例の制定によって〝鉄道黎明期のイギリスに見られたような鉄道会社個々の自由な発想に基づく技術開発の可能性は、わが国の場合、こと「鉄道」においてはある程度、封じ込められてしまったといえるかもしれない〟と述べた箇所があるが、それは、まさしく〝「鉄道」〟に限った話であって、「軌道」に関しては、けっこう発想は自由だったようだ。

千鳥式運転は、まさに阪神間の輸送を独占した阪神電気鉄道の黄金時代らしきエピソードといえよう。が、この〝黄金時代〟も大正八年までであった。

なぜか。翌九年には、小林一三率いる箕面有馬電気軌道改め阪神急行電鉄（阪急）が、大阪〜神戸間に新たなる高速電気鉄道（電気軌道）を開業させ、阪神電気鉄道に殴り込みをかけてきたからである。

6　小林一三、颯爽見参！

岩下清周との出会い

私鉄事業の先駆者と賞賛される小林一三について、あらためて述べるのも、野暮ではないかと思うのだが、全くふれないというのも紐の緩んだ褌《ふんどし》みたいになりそうなので、ここで略歴を一席。

小林は大都市郊外電鉄における経営多角化戦略の原型を築いた人物であり、阪急東宝グループ（現・阪急阪神東宝グループ）の創業者として、つとに有名である。

小林一三

明治六（一八七三）年一月三日、山梨県北巨摩《こま》郡韮崎《にらさき》町（現・韮崎市）所在の「布屋」という酒造業ならびに絹問屋を営む豪商の家に生まれる。上京して慶應義塾在学中には、山梨日日新聞に靄渓学人《あいけいがくじん》なるペンネームで小説『練糸痕《れんしこん》』を連載。どうやら小説家を志していたらしいが、結局のところ、卒業後は三井銀行に務めることとなった。

三四歳まで同銀行で勤務したが、行員時代の小林はといえば、実直なサラリーマンといわれた反面、大阪・名古屋

岩下清周

の支店に配属されると、花街に入り浸って文学青年的恋愛の日々を送ったなどという話もあったりして、どうもそれなりにして色っぽい御仁だったようでもある。

入社直前、友人が病気療養する熱海の宿舎を訪ね、そこで出会った二つ年上の英語堪能な才女に熱をあげて、銀行にはなかなか出てこなかったという話まである（小林は失恋経験が豊富で、この件も、結局、女のほうに気がなかった）。生来の文学青年的気質が出て、とかく銀行員の職務からは逸脱しがちだったというのが、本当の姿ではないだろうか。まあ、長年の愛人と所帯を持ってからは、生活もだいぶ落ち着いたそうだ。三井銀行時代最終期の役職は、東京本店調査課主任であった。

日露戦争後、三井物産の飯田義一や三井銀行時代の上司、岩下清周《いわしたきよちか》に誘われ、後者の企画する公社債引き受け専門の証券会社の支配人となるべく大阪に赴く。

ここに出てきた岩下清周とは、三井物産から三井銀行に流れた人物で、ニューヨーク支店長、パリ支店長などを経験したのち、一旦は退職し事業を行うが、のちに同銀行に復帰、小林が大阪支店勤務時に同支店長として赴任する。

当時の銀行はといえば、預金の扱い、商業手形の割引、担保を取った貸付といった商業金融が中心であったのだが、岩下は有望なる事業への積極投資を旨とする投資銀行的な機能を目指し、小林に大いなる刺激を与えたようだ。ただ、その積極姿勢が時の三井財閥の有力者、中上川彦次郎《なかみがわひこじろう》（山陽鉄道創業時の社長）は気に入らず、結局、岩下は三井銀行を飛び出して、株式取引所の機関銀行としての性格を持つ北浜銀行を設立、同行の頭取におさまる。この北浜銀行は大阪財界の機関銀行として機能していく。

なお、岩下は明治三七年に西成鉄道（「鉄道国有法」により国有化される私鉄の一つ）の社長にも就任する。以降、私鉄界との関係も深まり、のちに大阪電気軌道（近畿日本鉄道の祖）の開業などにも関与していく。

小林は岩下が三井銀行を出て以降も交流を続け、そのことで「岩下派」のレッテルを貼られる。結果、〝耐えがたき憂慮の時代〟を退職まで過ごすこととなった。ならば、サラリーマンなどに未練はなかろう。

箕面有馬電気軌道の設立

閑話休題、小林が三井銀行を退職して、証券会社の支配人となるべく大阪にやって来るのは、明治四〇（一九〇七）年一月のことだが、そこで、いきなり出端をくじかれる。なにしろ、おりからの恐慌により、証券会社設立の計画自体が露と消えてしまったのだから。

これには小林も困ったことであろう。女房、子供を抱えての新天地での失業は実に辛いものがある。

だが、時をおかずして小林は、岩下の世話により阪鶴《はんかく》鉄道（現在の福知山線を運営していた私鉄）の監査役に就任する。明治四〇年春のことであった。

この時点での阪鶴鉄道は、「鉄道国有法」公布に伴い国に買収される寸前で、会社の整理事務が小林の主だった仕事となった（明治四〇年八月一日付で国有化）。会社がかような状態ゆえに、同鉄道の社長、田艇吉《でんていきち》ほか関係者らは、大阪梅田から池田を経由して箕面公園や宝塚・有馬の温泉、および宝塚と西宮方面とをつなぐ新たなる電気鉄道（電気軌道）の敷設を画策し、箕面有馬電気軌道を発起していた。現在の阪急電鉄の原点である。

で、箕面有馬電気軌道は、明治三九年一二月に軌道敷設の特許を下付されており、同社の権利株は当時の株式ブームに乗って高額をつけるも、小林を失業に追い込んだ例の恐慌による株価大暴落から、株主は株金の払い込みを躊躇、失権株の続出にいたる。結果、約半数の株式の引き受け手が見つからないという、実に憂慮にたえない事態に追い込まれていたのであった。もちろん、解散の話もちらついていた。

これに目をつけた小林は、電気鉄道は将来において必ず有望な事業になるとの確信のもと、東京方面（甲州財閥のお歴々など）に出資を求めたほか、岩下を通じ北浜銀行とも交渉し、同銀行と甲州財閥に、箕面有馬電気軌道の株式を引き受けさせることに成功する。そして、万が一会社設立に失敗して解散となったときには、損失を一身で弁済することを条件に、小林が全権を担う追加発起人として加わり、明治四〇年一〇月一九日、箕面有馬電気軌道は正式に設立を果たすのであった。

小林は同社の専務取締役に就任、むろん、実質のトップである。なお、社長は当初、意図的に空席とされたが、のちに岩下清周を初代社長として迎える。

ここまでの過程において、小林に起業家としての覚悟を諭したのは岩下であった。

解散が取り沙汰されるような箕面有馬電気軌道の事業を、将来有望とさせるアイデアが浮かんだ段階で小林は、岩下に「大阪でやり抜いていく覚悟です。私にこの仕事をやらせてください」と願い出た。が、

箕面有馬電気軌道１形電車

岩下は「やらせてくださいとは何事だ。三井を飛び出してきたのなら、自分の生涯の仕事として責任を持ってやってみせると宣言できないのか」と一喝する。この言葉に蒙をひらかれた小林は、「申し訳ありません。小林一三、この仕事、一生を賭してやりぬく覚悟です」と、宣言したという。

小林が箕面有馬電気軌道を有望視したのは、沿線に住宅地として理想的な土地を多く存する点にあった。

宅地開発を副業とすれば、電気鉄道事業がうまく行かなくとも、なんとか株主を満足させられると踏んだのである。

そこで、まず小林が行ったのは、路線開業に先立ち、通過予定地で三〇万坪以上の土地を買い上げるというもの。それを郊外住宅地として開発し、付加価値を付けて分譲したという次第。

箕面有馬電気軌道の最初の路線である梅田～宝塚間および石橋～箕面間が開業するのは、明治四三年三月一〇日のことだが（社名にある通り、どちらも「軌道法」準拠の軌道線）、その年には、もう分譲を開始しているから、また、ずいぶ

箕面有馬電気軌道の
開業広告

『最も有望なる電車』
パンフレット

箕面有馬電気軌道・梅田駅開業

んと手が早い。沿線の宅地開発と電気鉄道（電気軌道）の建設は、まさにセットといえる事業だったのである。

この速やかなる事業展開を成功させるために、同社が大阪市内に配布した『最も有望なる電車』なるパンフレット（明治四一年発行）は、投資家向け情報を提供する企業PR冊子の先駆けといえる存在で、注目の的となった。

そして、続いて出された、箕面有馬電気軌道が進める土地経営・住宅経営事業の「模範的郊外生活、池田新市街地」を一般庶民に提案（大阪市民にお勧め）する消費者向け情報ツール『如何なる土地を選ぶべきか、如何なる家屋にすむべきか（住宅地御案内）』（小林自らが執筆、明治四二年発行）も、当時としては斬新な広告媒体だったといえよう。

これらの仕掛けを駆使することにより、短い期間に資金を集めて土地を買収、すぐさま分譲して収益をあげることに成功したというわけ。まだ江戸時代の名残が色濃く残る職住一体型の都市部での生活が一般的なこの時代に、職住分離を原則とする郊外型住宅がすぐに売れるとは、ほんとうに小林一三、恐るべしである。

まあ、日清戦争後の急速なる工業地化がもたらした、大阪市内の生活環境の悪化という背景もあったようだが。

7 徹底した「大衆志向」の小林商法

分譲住宅から動物園、温泉まで

『如何なる土地を選ぶべきか、如何なる家屋にすむべきか（住宅地御案内）』には、のちの小林商法の旗印である「大衆志向」の思想が、もうすでに現れていた。

池田新市街地の分譲住宅は、一区画一〇〇坪の土地に二〇坪から三〇坪の二階建て家屋と庭園一式を備えたもので、販売価格は二五〇〇円から三〇〇〇円。サラリーマンにはすぐに手が出ない金額である。

そこで小林は、二割の頭金を用意すれば残金は一〇年の年賦とし、一月二四円の支払いで所有移転をするという、当時としては常識やぶりの月賦《げっぷ》方式を導入する。これならばサラリーマンでも、少し頑張れば手が出よう。この箕面有馬電気軌道による住宅分譲は、私鉄による宅地開発の草分けとなる。

さて、次の一手だが、明治四三（一九一〇）年一一月には箕面に動物園を開園、翌四四年五月にも、宝塚に大理石造りの豪華な大浴場を備える新温泉を開設した。

この宝塚新温泉（明治四五年七月にパラダイス劇場を併設）では、当時、人気を博していた三越少年音楽隊にヒントを得た宝塚唱歌隊（のちの宝塚歌劇団）による少女歌劇の上演も、大正三（一九一四）年四月にはじめている。これには小林自らが脚本を執筆するほどの力の入れようであった。文学青年小林一三ここにあり、である。

小林の言葉に「乗客は電車が創造する」というのがある。沿線を宅地化したうえに、終点に娯楽施設を用意すれば、それは電車のお客もうなぎ登りとなろう。

阪急百貨店のオープン

小林商法の最大の特徴は、その先進性にあるが、小林は起点の梅田ターミナルでの商売にも興味を抱いていた。「電車が運ぶ一日二、三万人の乗客が、ちょっとした買い物をしたとしても、巨額の売上高になる」というのが発想の原点だ。

箕面有馬電気軌道・梅田駅。「日本一の箕面動物園」の看板が見える

箕面有馬電気軌道が阪神急行電鉄（阪急）と名を変え、神戸線を開業させる大正九（一九二〇）年には（このへんのくだりは本題ゆえに、のちほど詳しく）、梅田に五階建てのビル（阪急ビルディング）をつくり、一階

は百貨店の白木屋に賃貸、二階は阪急直営の食堂とした。そして、小林は白木屋の客の入り具合や売れ行きをつぶさに観察し、「これはいける」と踏むなり、二・三階に「阪急マーケット」をオープン（阪急直営食堂は四・五階へ）、自らが日用雑貨の販売に乗り出すのであった。

この「阪急マーケット」は大成功を収め、昭和二（一九二七）年、地下二階・地上八階建ての新ターミナルビルの建設に着手、昭和四年三月、これが完工するなり装いも新たに「阪急百貨店」を開業させる。

鉄道会社が百貨店を経営するなど、当時、日本はおろか海外にも前例がなかった。また、国内の百貨店は、呉服店から発展したものがほとんどで、販売手法などにも独特なノウハウがあって、素人の参入は難しいとされていた。だから、反対意見も多かったのだが、小林は、「素人だからこそ玄人では気づかない商機がわかる」「便利な場所なら、暖簾《のれん》がなくてもお客は集まるはず」などと言い放ち、事業を推し進めるのであった。

阪急百貨店の特徴は、①家族が気軽に利用できる食堂を中心に据える、②高級呉服は扱わず、雑貨、食料品、小間物、玩具など電気鉄道沿線住民の家庭日用品に重点を置く、③ターゲットを女

阪急百貨店（昭和11年）

性と子供におき、「どこよりも良い品を、どこよりも安く」をモットーに売る、の三点に尽きる。かかる徹底した「大衆志向」による他の店との差別化が、素人の百貨店経営を大成功へと導いたのだろう。

私鉄経営のお手本

以上の不動産開発、レジャー、流通を三本柱とした事業展開は、のちに私鉄経営の手本ともなっていく。小林一三が私鉄事業の先駆者と謳《うた》われる所以である。

新ターミナルビル七・八階の大食堂では、一皿二五銭のカレーライスがよく売れたらしい。しかし、昭和の初期に起こった大恐慌（俗に「昭和恐慌」と呼ばれる）のころには、庶民の懐も寂しくなって、ライスだけを頼みテーブルに置いてあるソースをかけ食べる人が激増した。巷では「ライスだけの注文はお断り」とする張り紙を出す店も多かったという。

中江克己著『明日を創った企業家の言葉』（太陽企画出版）に、当時の小林の人となりがわかる次のような記述がある。

阪急百貨店の食堂でも張り紙を検討したが、それを聞いた小林は「当店はライスだけのお客様を歓迎します」と書いた紙を張り出させたのである。

なぜ、と不審がる社員に小林はこういって諭した。

「不景気といっても、いつまでも続くわけではない。景気を取り戻したあと、お客様がどれだけこの店を利用してくださるか、そのほうが大事だよ」。

しかも五銭のライスに、福神漬をつけさせた。客たちは喜んで、このライスにソースをかけて食べる。いつしか「ソーライス」と呼ばれ、阪急百貨店の名物になった。

「損して得とれ」という言葉もあるが、経営者としてそれを意識しなかったといえば嘘になる。だが、それ以上に、小林はつねに客の立場に立つ商法を考えだし、大衆に喜ばれる商売を心がけた。

これが成功しないわけがない。


長らく阪神急行電鉄株式会社専務取締役の座にあった小林は、昭和二（一九二七）年、実体に即して社長となるが、その少し前には、小林の巧みなる経営手腕が東京でも注目されて、田園都市会社を起こした経済界の重鎮、渋沢栄一からも声がかかる。

実のところ、渋沢は田園都市会社の電鉄事業部門の経営一切を小林に任せるつもりであったという。けれども、小林は多忙と関西在住を理由にこれを辞退、適任者として五島慶太を推挙する。

ここで初登場の五島慶太については、後々にいやというほど出てくるので、紹介は、ほんのさわりだけとするが、鉄道院監督局総務課長の職を辞して実業家に転身、のちに東急コンツェルンを築き上げる人物である。

五島は小林を師と仰いでおり、東急（東京急行電鉄）は阪急のビジネスモデルを手本として事業の拡大を図っていくのだが（沿線への学校誘致は五島オリジナルの施策）、役人出身の五島がお上をうまく利用して東急を大きくしていったのに対し、小林はそれを一切行わなかった点が両者の決定的な違いといえる（阪急は役人の天下りを一切受け入れなかった）。

なお、東京急行電鉄の前身である目黒蒲田電鉄（田園都市会社の電鉄部門が独立したもの）・東京横浜電鉄に、小林は監査役・取締役として関与している。

それはそれとして、昭和二年七月、小林は東京電燈（東京電力の前身）の取締役にも就任し、同社の経営再建に腕をふるい、やがて、副社長から社長へと登り詰める。

その傍らで、興行にも手を広げ、昭和七年に東京宝塚劇場を設立、続いて昭和一二年には東宝映画を設立する（のちに「東京宝塚劇場」と「東宝映画」は合併して、あの『ゴジラ』でお馴染みの「東宝」が誕生した）。

着々と事業を拡げていくが、投機や投機的商法は大の嫌いで、賭け事も好きでなかったのは有名な話である。運賃収入が確実に増えることがわかっていても、阪急沿線に競馬場をつくる計画には、長きにわたって反対し続けた。

昭和一五年七月、第二次近衛文麿内閣で商工大臣に就任、敗戦後は昭和二〇年一〇月の幣原喜重郎《しではらきじゅうろう》内閣において国務大臣兼戦災復興院総裁に就任するも、GHQ（連合国軍総司令部）により公職追放処分を受け、以降、しばらくは隠居暮らしが続く。

昭和二六年の公職追放解除後は、東宝の社長に復帰するのだが、それも束の間であった。昭和三二年一月二五日、私鉄界、いや経済界の風雲児、小林一三は、小説・随筆など著書も数多く残し、八四歳で没する。

宝塚大劇場での歌劇団の美女らに囲まれた音楽学校葬をもって告別とされた。

8　阪急神戸線開業前の阪神との確執

灘循環電気軌道をめぐる攻防

小林一三の略歴をなぞり終わったところで、話を大正年間の阪神急行電鉄神戸線（現・阪急電鉄神戸本線）開通前に戻そう。

いくら沿線を宅地開発したとしても、終点に娯楽施設を設けたとしても、宝塚や箕面までの路線だけでは、田舎の遊覧電車で終わってしまおう。だから箕面有馬電気軌道では、早い段階より港町神戸へ至る路線の建設を、悲願としていた（宝塚〜有馬間の路線は資金難から放棄される）。

これにより同社は、大正元（一九一二）年八月一九日、十三〜門戸間（伊丹経由）の新線特許を出願する（十三は梅田〜宝塚間路線の途中停留場であり、門戸は宝塚〜西宮間計画路線の途中箇所）。『阪神電気鉄道八十年史』では、この件に関し小林一三（箕面有馬電気軌道専務取締役）が以下のごとく理由付けしたと記している。

（1）現在、阪神電鉄は、朝夕乗客のもっとも多い時に二分半〜三分発車であるにもかかわらず、乗客の大部分は立っている有様で、現在以上の乗客を輸送することは不可能である。

（2）阪神電鉄の定期客はすでに六〇〇〇人以上である。沿道の発展によって、将来乗客が増加するため、さらに一線が必要となる。

（3）灘循環線は神戸電鉄と相俟《あいま》って滝道に乗り入れ、神戸の中心を発着点とする設計であるので、当社の出願線で許可になると、阪神間の直通客には大変便利になる。

（4）許可を得れば、阪神電鉄が一割三分の配当を続けても、当社は八分で満足し、その賃銭は阪神電鉄よりも引き下げることができる。

（5）阪神間の前途を思い、株主に対する重役の義務としても、この有望線の出願権を留保する必要あり。

ここに出てくる〝灘循環線〟とは、路線未開業の灘循環電気軌道のことであり、また、〝神戸電鉄〟とは神戸市電の祖である神戸電気鉄道を指している。で、灘循環電気軌道の概要だが、それはこうである。明治四〇年代の前半、電鉄株の高騰を背景とする電気軌道の出願相次ぐ時期があった。このとき、南海鉄道（私設鉄道法準拠、現在の南海電気鉄道の先祖である）との並行線といえる阪堺電気軌道に、お上は特許を下してしまう（この阪堺電気軌道は大正四年に南海鉄道に吸収合併となる）。すなわち、国有鉄道との競合路線だけでなく、既存私鉄と競合する電気軌道路線をも認める前例をこしらえてしまったわけで、以降、ならばとばかりに関西地方では、まだまだ競争の余地ありと目算される大阪〜神戸間に、電気軌道の出願計画が集中する事態をまねく。

このうちの一つが灘循環電気軌道であり、発起人は村野山人を中心とした神戸財界の大物や灘の酒造家たちである。

村野は国有化前の山陽鉄道において副社長を務めた人物で、その後も神戸電気鉄道の初代社長に就任している。阪神電気鉄道の原点ともいえる神阪電気鉄道の発起にもかかわったことは前にも記した通り。

灘循環電気軌道の計画路線は、神戸電気鉄道と接続する神戸市内の布引を起点に、国有鉄道東海道本線の山側を通って西宮に至り、そこから海側に出て神戸方向へ戻るという、文字通りの循環線で、これが政界をも巻き込んだ激しい特許争いの末に、他の出願計画を押しのけ、明治四五（一九一二）年七月二五日、特許取得を成すのであった。ただし、海側のルートは阪神電気鉄道と極端に近接することから却下され、灘循環電気軌道の路線は、名に反する神戸と西宮とを山手経由で結ぶ一本線に落ち着いた。

かように特許は得たものの、灘循環電気軌道は資金面ほかから独自に事業を推し進めることができないでいた。そこで、阪神電気鉄道との合併話も出てくるのだが、具体化はしなかった。経営が安定している阪神電気鉄道が、博打《ばくち》をするわけもない。

灘循環電気軌道が阪神電気鉄道に吸収されると困るのは、何を隠そう箕面有馬電気軌道である。

お察しの通り、同社は、十三〜門戸間（伊丹経由）の新規出願路線をこの灘循環の特許路線とつないで、阪神間を結ぼうと企てていたのであった（門戸〜西宮間はすでに特許を得て明治四五年に起工した宝塚〜西宮間の路線を活用）。で、十三〜門戸間については大正二年二月二〇日に特許が下付される。

図3　大正２年当時の箕面有馬電気軌道と灘循環電気軌道の未成線概要

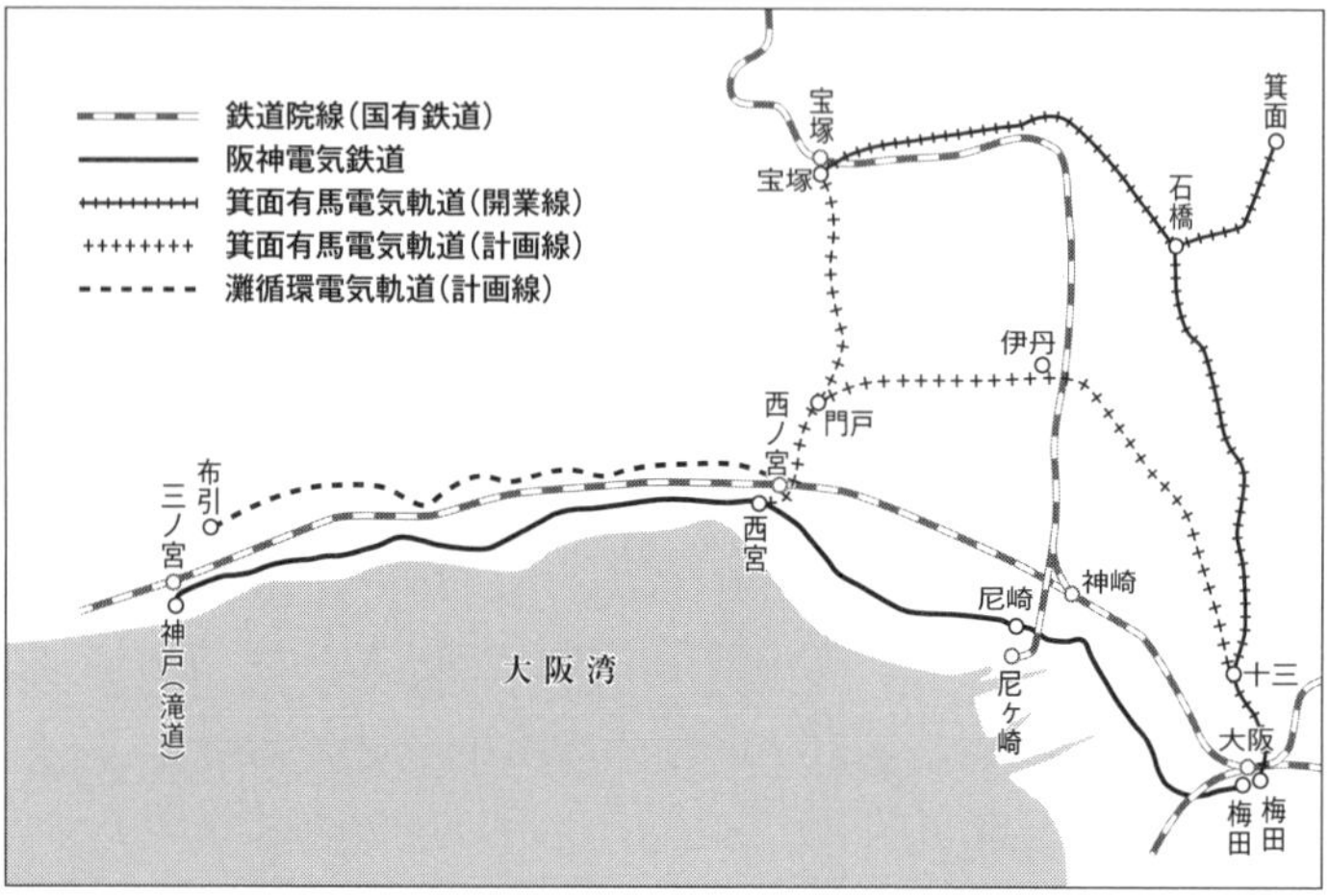

こうなってくると、阪神電気鉄道が重い腰を上げかねている隙《すき》に、灘循環電気軌道を支配下におこうと箕面有馬電気軌道が考えるのは当然であろう。

大正二年の暮れ、それまで具体的動きの無かった灘循環電気軌道が突如として、創立総会を開催する。そう、背景は北浜銀行の支援であり、この段階において灘循環電気軌道は箕面有馬電気軌道の傘下に入ったといえよう。

とはいっても、北浜銀行頭取にして箕面有馬電気軌道の社長でもある例の岩下清周は、阪神電気鉄道の取締役でもあった。かかる複雑な関係がもたらしたものなのか、箕面有馬電気軌道が灘循環電気軌道に対し影響力を強めるのと時を同じくして、阪神電気鉄道と箕面有馬電気軌道の合併交渉も水面下で執り行われる（岩下には関西の電鉄を統一する構想があったといわれている）。が、話は阪神側株主の反対などから頓挫してしまった。

決断を迫られた小林一三

そうした最中の大正三（一九一四）年、箕面有馬電気軌道にとっても灘循環電気軌道にとっても、誠にもってよろしくない北浜銀行の経営破綻という問題が湧き起こる。

大正三年といえば、難工事を極めた生駒隧道《いこまずいどう》（当時、日本最長の鉄道院線（国有鉄道）笹子隧道に次ぐ長さ、複線トンネルとしては日本最長）が竣工して、上本町〜奈良間の大阪電気軌道が開業を迎える年である。この時、大阪電気軌道の二代目社長として采配をふるっていたのが、岩下清周なのであった（初代社長は生駒隧道があまりの難工事ゆえに資金繰りに苦しみ、早々に逃げ出してしまった）。東洋に冠たる生駒隧道は、岩下の執念の産物ともいえようか。

けれども、その大阪電気軌道や灘循環電気軌道ほかへの積極投資から、北浜銀行は経営が芳しくない状態に陥っていた。それを突いて大阪日日新聞が岩下攻撃に出たため、同年八月一九日、北浜銀行は取付騒ぎを起こし、休業に追い込まれてしまう。

大阪電気軌道・上本町駅（開業のころ）

当時は、明治天皇の崩御《ほうぎょ》にともなう諒闇《りょうあん》不況と、第一次世界大戦前の戦争不安による恐慌から、経済界は暗澹《あんたん》たる様相を呈していた。そんな時期での北浜銀行経営破綻は、周辺に与える影響も少なくはなかろう。

岩下は責任を取り、同銀行の頭取を辞任。もちろん、箕面有馬電気軌道、大阪電気軌道などかかわっていたすべての会社の役員も辞める（翌年には不正貸付による背任横領の罪に問われ、大正一〇年、判決により罪が確定、服役となる）。

小林一三は、頼りの後ろ盾を失ったわけで、箕面有馬電気軌道も最大の取引銀行を無くし、阪神間の路線建設を前にして新規投資が難しい状態にいたるのであった。

加えて、北浜銀行の再建者らは、同銀行が保有する箕面有馬電気軌道の株式買い取りを小林に求めてきたからたまらない。

もっとも、岩下からの独立の好機という見方もできよう。事実「北浜銀行がズット安泰であったならば、私はやはり一使用人として働いていたにすぎなかったろう」という小林の言葉も残っている。ともあれ、文学青年ながら負けん気の強い小林は、多大なる借金して、自らが大多数のこの株式を購入して事態を切り抜ける。結果、小林は箕面有馬電気軌道の大株主経営者となる次第。むろん、これがのちの事業展開に実に有利に働いていく。

一方、北浜銀行の再建が進むなかで、同銀行が保有する灘循環電気軌道の株式整理も壇上にのぼり、阪神電気鉄道への譲渡が現実味をおびてくる。が、それはなんとしても避けたい小林は、以下の三案を掲示して、同社との交渉に臨むのであった。

第一案　すでに灘循環線に対する債権者たる北浜銀行高倉頭取が、これを阪神電鉄に買収するように勧告し、阪神電鉄が承知するならば、当社はこの線に対する従来の希望を捨て、将来再び競争をしないこと。然《しか》しその代償として、灘循環線が阪神に買収されたために無価値となる、当社の特許線に要した実費を支払って貰《もら》いたい。

第二案　第一案に不賛成の場合には、将来の競争を避けるため、灘循環線は阪神電鉄と当社とで共同経営すること。

第三案　万一、第一、第二案ともに同意を得るに至らない場合には、当社は断然灘循環線を買収し、多年の希望たる阪神直通線の計画を進めたい。この場合に阪神電鉄は当社の好意的交渉の事情を諒《りょう》とせられたいこと。（『京阪神急行電鉄五十年史』）

これに対し阪神電気鉄道側は、①北浜銀行との関係が無くなった箕面有馬電気軌道は資金調達力が乏しく新線建設は難しい、②灘循環線が通る予定地の山手は人家疎《まば》らゆえ経営的にもうまくいくわけがない、などと考えて第三案を選択、箕面有馬電気軌道が灘循環電気軌道を買収することに意義なしとした。

右の結果を受けて小林は、さっそく灘循環電気軌道買収および神戸線建設の資金集めに日夜奔走《ほんそう》する。

ただ、神戸線建設の工事計画が発表されるやいなや、箕面有馬電気軌道の株主たちから反対意見が続出した。「資金調達の目途も立っていないうえに第一次世界大戦中でもあるゆえ、灘循環は買収したとしても、神戸線建設のほうはしばらく待ってはどうか」という主張が大半だったが、小林は「同線は一日も早く開通しなければならない」と力説し、一歩も引かなかった。

灘循環電気軌道の合併

神戸線建設工事施行案を附議した大正五年四月二八日の箕面有馬電気軌道株式会社臨時株主総会においても、異論百出で議会は大混乱を呈するが、議事妨害の止まないなか、議長は採決を宣し、反対派株主多数退場の末ながらも、なんとか決議を得ることができた。やれやれ、である。

が、しかし、その直後、外部からの妨害行為にもあう。大正五年六月一六日、灘循環電気軌道譲渡合併の件に関する株主総会無効確認の訴訟が提起されるのであった。この動きについて『阪神電気鉄道八十年史』は、訴訟を起こしたのは阪神電気鉄道に関係のある人物で、箕面有馬電気軌道による灘循環電気軌道合併実現の動きを遅らせようとの意図があった、と記しているから、実に正直である。

かかる灘循環合併妨害（神戸線建設妨害）に対し、大正五年六月二四日付の『鉄道時報』は、「今西阪神君は灘線の箕電合併を以て畢生《ひっせい》の一大事となし目下極力之が不認可の運動中ださうな」（〝今西〟とは当時の阪神電気鉄道株式会社専務取締役の今西林三郎を指している）と報じたように、マスコミはこぞって阪神側に非難を浴びせた。

まあ、本件に関しては、大正七年一二月五日、箕面有馬電気軌道が名を改めた阪神急行電鉄側の勝訴となるのだが、その判決確定までの二年半は、小林にとって紛争に明け暮れた落ち着かない日々だったに違いない。

「これらは総《すべ》て阪神電鉄専務取締役今西林三郎氏の、実業家として宥《ゆる》し難き不徳義なる策謀に拠るものであって、天は斯《か》くの如き陰険なる妄挙には断乎《だんこ》として味方せず」云々と、小林は感情をむき出しに阪神側を批判していた。

今西林三郎

なお、「箕面有馬電気軌道」から「阪神急行電鉄」（阪急）への社名変更は、大正七年二月に実施されたものである。灘循環電気軌道保有の軌道敷設特許を箕面有馬電気軌道へ譲渡することを、紛争最中の大正六年二月二三日にお上が許可したことを受けての措置であった。

電気鉄道の略である〝電鉄〟や、急いで行く意の〝急行〟（従来、列車種別として国有鉄道などが使っていた）を社名に用いる鉄道・軌道会社はこの時点で他に無く、小林一三の先進性がこんなところにも現れているのがおもしろい。

この社名変更にあわせて、既存の宝塚線と箕面線は支線扱いとし、神戸線を本線扱いとしている点、小林の覚悟の程が窺い知れよう。

9 小林一三悲願の阪急神戸線開通

伊丹迂回問題

さて、問題の神戸線建設資金だが、これについても、第一次世界大戦後の未曾有の好況が後押しをしたのか、大正七（一九一八）年と同九年に倍額増資を実現している。さらには、〝船成金〟と呼ばれた岸本汽船の岸本兼太郎より、三〇〇〇万円という多額の資金借り入れにも成功する。社員らも一安心したことであろう。

けれども、神戸線建設には、阪神側の妨害行為のほかにも、乗り越えなければならないもめ事がいくつかあった。代表的なものは二つで、その一つが伊丹町（現・伊丹市）の問題である。

当初、十三〜門戸間の特許線では、伊丹町の南端を経由することとなっていた。しかし、それでは大迂回である。そこで、国有鉄道東海道本線の北側に沿って進む最短距離の路線とすべく軌道敷設変更の申請を行った。

これに対し伊丹町が猛烈な反対運動に出て、監督官庁や箕面有馬電気軌道〜阪神急行電鉄に対し陳情を繰り返しただけでなく、諸々の紛争まで巻き起こしたから実に始末が悪い。

この騒動から、結局、神戸線は折衷案ともいえる塚口経由となって（加えて塚口〜伊丹間の支線も建設する）、用地買収が遅れただけでなく、東海道本線に沿うルートよりも約二キロも余分に距離がのびてしまったのである。

怨みの御影Sカーブ

代表的もめ事のふたつ目は、俗に〝怨みの御影Sカーブ〟と呼ばれる、特急・急行電車の速度制限を余儀なくさせた急曲線（逆S字カーブ）誕生の原因に関するものである（現在は曲線が幾分緩和され、速度制限も昔ほどではない）。

計画では、ここも〝阪神急行〟の名に恥じない直線とするはずだったのだが、その通過予定地には、とんでもない大物の邸宅が存在していた。朝日新聞社主・村山龍平《りょうへい》の別荘である。

神戸線は村山邸の北庭の一隅を通る予定で、当然、交渉にも乗り出したのだが、けんもほろろに拒絶されてしまった。

村山龍平

おまけに村山は、「閑寂なる住宅地に軌道を敷設されては、その静寂が破られ、精神的な苦痛を受ける」として、近隣に居を構える住友銀行総理事の鈴木馬左也や鐘紡社長の武藤山治らと徒党を組み、北側へ大きく迂回しろの地下化しろのと、いろいろ難癖をつけ通過反対運動の狼煙《のろし》をあげたから、またややこしい。

問題解決のため若干ルートを変更し、急な逆S字カーブでの当地通過を余儀なくされたほか、交渉に一年半も要したので、その間に地価も値上がり、建設費用も膨れあがってしまった。小林一三も、さぞかしおもしろくなかったことであろう。

片岡直輝

この村山なる人物は過去において、大正六（一九一七）年に阪神電気鉄道の社長に就任した片岡直輝（関西財界の大物で南海鉄道〔現・南海電気鉄道〕の社長なども兼務。第一戦の話で関西鉄道の社長として登場した片岡直温は実弟である）の経営する大阪瓦斯《ガス》（こちらが片岡〔兄〕の本拠地）を新聞紙上で攻撃したりもするのだが、御影の件では皮肉にも、結果的に片岡サイド（阪神側）の味方となったようだ。

以上のすったもんだの果てに、大正九年七月一六日、阪神急行電鉄の神戸線（本線梅田〜神戸〔上筒井〕間三〇・三キロ、伊丹支線塚口〜伊丹間二・九キロ）はようやく開業に漕ぎ着けた。小林の執念が実を結んだ瞬間である。

むろん、神戸線も法規的には軌道条例準拠の「軌道」であるけれど、なんと新規開業の区間は全線が新設軌道であり（宝塚線と共用の既存区間、梅田〜十三間に関しては少しだけ併用軌道が存在した）、さらに他社の軌道線とは比べものにならない高速運転向きの立派な設備が自慢であった。

例の御影Sカーブは置くとして、ほとんどの区間が直線の連続で、途中の停留場も少ない。十三を出ると、神崎川、塚口、西宮北口、夙川《しゅくがわ》、芦屋川、岡本、御影、六甲と停まって終点神戸（上筒井）に到

図４　大正９年７月の阪急神戸線開通時の阪神間の鉄道概要

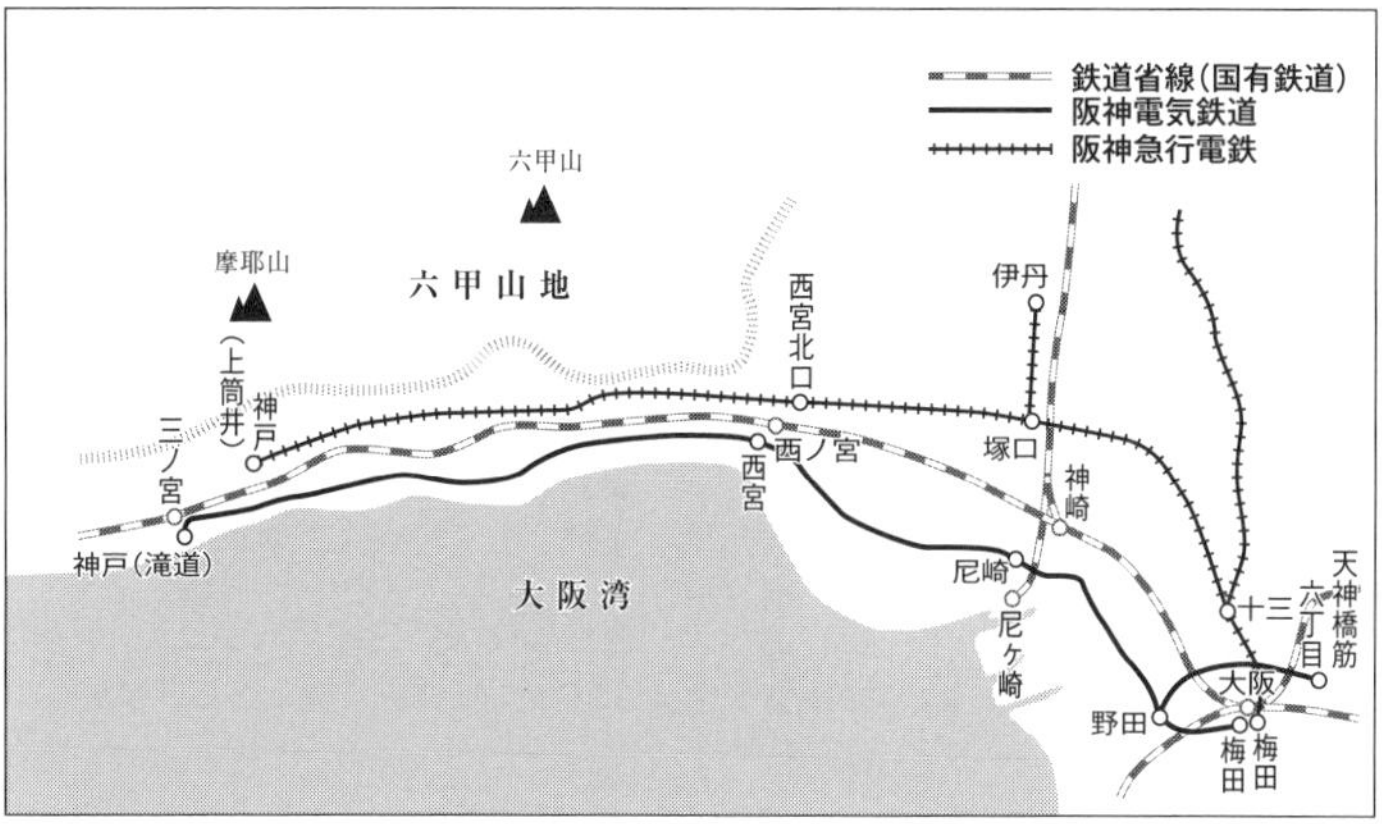

達するという、鉄道省線（国有鉄道東海道本線）の停車場ほど疎《まば》らではないものの、阪神電気鉄道と比べれば、だいぶ少なめなのである（梅田～十三間には茶屋町、北野、新淀川の三停留場があった）。神崎川～塚口間なんぞは六・一キロもあって、これならば各駅停車でも〝阪神急行〟といえよう。

「綺麗で早うてガラアキで」

小林は神戸線開通時のことを、「芦屋附近を疾風の如く走る最新式の電車に乗って、阪神電車を眼下に見下した時は実に愉快であった」と述べている（『阪神急行電鐵二十五年史』より）。阪神電気鉄道の妨害行為への恨み辛みも、これで一気に吹き飛んだに違いない。

〝疾風の如く走る〟とは、ほんとうにその通りで、梅田～神戸（上筒井）間の運転時分は、はじめは六〇分であったが、開業五日後の七月二一日には五〇分に短縮する。当時の阪神電車の所要時分は早いもので梅田～神戸（滝道）間六二分であったから、まさに〝阪神急行〟である。

新しく開通《でき》た
神戸ゆき急行電車〈神戸終点に於て市電に連絡便利〉
綺麗で早うて。ガラアキで
眺めの素敵によい涼しい電車
阪神急行電鉄

とは、神戸線営業開始時の新聞広告（大阪版）の文言である（神戸版は「新しく開通《でき》た大阪ゆき急行電車　市電上筒井にて連絡　綺麗で早うて、ガラアキ。眺めの素敵によい涼しい電車　阪神急行電鉄」）。

沿線は未開発だから（たとえば塚口と西宮北口間などは、田圃の中を一直線に進んでいた）電車は空いており、それを逆手にとって〝ガラアキ〟〝涼しい電車〟と謳うあたりは、小林一三ならではの発想豊かな点といえようか。誰でも、〝綺麗で早うて〟とか〝眺めの素敵によい〟などと殺し文句を並べられれば、一度は乗ってみたくなるものである。

〝眺めの素敵によい〟のは、〝阪神電車を眼下に〟見下ろせるように夙川付近から神戸まで山手の高台を走っていたからで、「六甲山麓の高み

新淀川橋梁（大正13年頃）

を走り出すと、眺めは遠く茅渟の上に馳せて阪神線や鉄道省線を脚下に見るような心地がする」と、当時の大阪毎日新聞も伝えている。これも売りであろう。

もっとも、広告にある通り、神戸側の終点は市街の東端、上筒井となるが、神戸市電に接続しているので神戸市内各地への連絡もスムーズ、不便は微塵も感じられなかったはず。

阪神急行電鉄・上筒井駅

なお、運転時分は大正一一（一九二二）年八月二二日に四五分、同年一二月一三日に四〇分と徐々に短くなって、〝急行電車〟はさらなる磨きがかかっていく。そして、神戸線開業当初こそ、大阪梅田のターミナルにおいて、宝塚行電車は超満員、神戸行電車はすこぶるガラアキという惨状を呈したものの、乗客はだんだんと増えていった。車内もガラアキでなくなったらしく、大正一二年一〇月には、電車の二両連結運転開始をみるのであった。

ただ、宿敵の阪神電気鉄道でも、大正一〇年一一月には二両連結運転をはじめており、さらには阪神間五六分運転の急行電車も登場させているので、なかなか油断ならなかったのも事実である。

10　激化する阪神対阪急の抗争

阪急電車の躍進

ところで、阪神急行電鉄神戸線の開通式だが、そこには関西私鉄各社の幹部らも招かれ、最新式の電車に試乗もしている。

で、その各位の感想であるけれど、大阪電気軌道常務取締役の金森又一朗が「これまで我が社の軌道がまず日本一だったが、この線の開通でとうとうお株を阪急に取られた」と述べたのに対し、阪神電気鉄道専務取締役の三崎省三（同社線開通前にアメリカの電気鉄道実体調査に出向いた技師長であったことは前にご案内した通り）は、「世間では阪急対阪神のことを云々するが、僕は最初から小林君の同情者だった。何といっても現在の阪神に追いつけないからね」という意味合いの発言をしたと新聞記事は伝えている。

なかなか強気ではないか。まあ、当時の阪神電車は、前にも触れたように千鳥式運転を導入しなければならないほどに大繁盛、乗客が増えて増えて仕方なかったのだから、これも腹の底から出た言葉であったろう。

ただ、新進気鋭の阪急電車は、じわりじわりと阪神電車の乗客を奪っていき、三崎専務にも冷や汗をかかせることになる。

大正一〇（一九二一）年、同一一年と二年連続で阪神電気鉄道は収入が伸び悩み、乗客の増勢も鈍っていく。大正一一年の阪神急行電鉄神戸線の乗客数は約九二〇万人で、これは阪神電気鉄道全線における乗客数の約二割強に達する数値だという。

なんだ、たかだか二割かと思われるかもしれない。が、阪神電気鉄道を蒼くさせたのは、大阪〜神戸間を通して乗る客のうち、相当数が阪神急行電鉄に流れていると見られたからである。これは両社の乗客収入を比較すると明らかになる。

たとえば、大正一四年上期の乗客収入は、阪神が三一一万一七七七円なのに対し、阪急は二八二万七〇〇〇円、続く下期は阪神が二八九万五二六二円で、阪急は二七四万五二四〇円。

一方、この年の阪急の乗車人員は阪神の七三パーセントであり、これもかなり追い上げてきたのだが、右の乗客収入を見れば、それを上回る実績で、阪神の九五パーセント弱まで阪急は迫っている。

すなわち、阪急は乗客数こそ少ないものの、阪神間を通す高運賃の上客を確実につかんでおり、かたや阪神は低運賃の短距離客の比率を高めつつあったということだ。

阪神急行電鉄も阪神間の直通輸送において、有力な存在と化してきたわけである。

神戸ユキ特急二十五分

こうなってくると阪神電気鉄道としても、もはやのんびりとは構えていられない。前記の通り、大正一〇年に梅田〜神戸（滝道）間五六分運転の急行電車を設定したのも、その焦りからであろう。当時の阪神線では、この急行電車と阪神間六二分運転の普通電車が六分間に交互に発車していたので、「待たずに乗れる阪神電車」のキャッチフレーズを用い、防戦に努めるのであった。

対する阪急はといえば、大正一一年一二月に梅田〜神戸（上筒井）間の所要時分を四〇分に短縮したことはご案内済み。これは車両屋上の集電装置を、トロリーポールからパンタグラフに交換したことで実現できたスピードアップであった。なお、パンタグラフの採用は、私鉄としては阪急が本邦初。

そして、次の展開であるけれど、宝塚線との線路共用のうえに、併用軌道が存在することで、運転上ネックとなっていた梅田〜十三間の高架複々線化が、大正一五年七月一六日、見事開通に至る（全線新設軌道化のうえ、宝塚線と神戸線は走行線路が分離される。なお、併用軌道を持つ在来地平線の一部は、梅田〜北野間折り返し運転の北野線として存続する）。この段階で阪神間の運転時分を三五分とするのだが、以降、昭和初期の大恐慌や緊縮政策の影響から目立って輸送量が減りはじめ、事態打開のために乗客獲得策の目玉として昭和五年四月一日には、梅田〜神戸（上筒井）間三〇分運転の特急電車を、ついに世に送り出すこととなる（途中停車は西宮北口のみ）。

待ちに待った真打ちの登場だが、特急電車はさらに、昭和六（一九三一）年一〇月一日の二八分運転を経て、昭和九年七月一日には「神戸ユキ特急二十五分」「大阪－神戸　一またぎ　二五分」と謳うキャッチフレーズ通りの運転時分を実現するのであった（特急電車は一〇分間隔の運転）。

阪急電車の躍進はまだまだ終わらない。昭和一一年四月一日には、念願の高架線による三宮乗り入れを果たした。結果、神戸線は、梅田〜神戸（上筒井）間三〇・三キロから梅田〜神戸（三宮）間三二・五キロに距離が延びるのだが、特急電車の運転時分は二五分（一〇分間隔）と変わらずで、大幅なスピードアップと利便性の向上が図られたという次第。

当時、梅田阪急ビルの御堂筋側壁面には、縦書きで「神戸ユキ急行電車のりば」と記された大きなネオンサインが存在したが、まさにそれも〝看板に偽りなし〟となったわけである（ちなみに、特急電車運転開始後も、ネオンサインの表記は〝急行電車〟のままであった）。

「待たずに乗れる阪神電車」

対する阪神電車も負けてはいなかった。昭和四（一九二九）年七月二七日には住吉〜石屋川間の高架線が開通、この区間の併用軌道が解消されて梅田〜神戸（滝道）間の運転時分を急行電車四八分、普通電車五八分と短縮する。

続いて昭和八年六月一七日、岩屋〜神戸（三宮）間を地下線化、本線の併用軌道が皆無となったことから、特急電車の運転をはじめる。

梅田〜神戸（三宮）間の所要時間は、特急三五分、急行四五分、普通五五分。阪神の特急電車は、スピード面では阪急のそれに敵わなかったものの、六分間隔の運転（急行・

阪急百貨店（昭和６年）

普通も同様の運転間隔）だから、利便性では決してひけをとらなかった。「待たずに乗れる阪神電車」ここにあり、これも、まさしく看板に偽り無しである（この段階では、阪急はまだ上筒井発着のため、三宮発着という点でも阪神は有利）。

さらに、である。阪急電車が三宮へ乗り入れる半月前の昭和一一年三月一八日、阪神は三宮〜元町間の地下延長線を開業する。戦前の神戸の中心街は、厳密にいえば今のような三宮ではなく、そこより西側の元町や新開地界隈であった。こと神戸ターミナルの立地条件に関しては、阪神の方がますます有利となった。

それにしても、両軍一歩もひかない激戦ぶりではないか。阪急は阪神の神戸地下線を皮肉って、「明るい高架、速い阪急！　神戸の中心・三宮へ　阪急高架乗入開通　大阪－神戸間特急廿五分　阪急電車」という文言の新聞広告まで出す始末であった。

そう皮肉られても阪神は暗い地下線がお好きなようで、昭和一四年三月二一日には本線梅田付近の地下線化を実現させる。これにより、従来は大阪中央郵便局の南側に設けられていた梅田停留場が現在地に移転する。

そして、昭和一六年にはその場所において阪神ビルディングも竣工となる。むろん、阪神電車をアピールするネオンサインも用意された。

この阪神ビルディングに道を挟んで対峙するのが阪急梅田ビルである。「神戸ユキ急行電車のりば」対「待たずに乗れる阪神電車」、毎夜繰り返されるネオンサインの睨み合いも、抗争の激しさを世に知らしめるランドマークにほかならなかった。

三銭事件

ここで運賃に係わる抗争の話も一席。「三銭事件」と呼ばれた騒動である。

従来、阪急は梅田〜神戸（上筒井）間の運賃を四〇銭としていたが、神戸ターミナル移転の際には、建設費回収のため距離が延びる分を加算、大阪〜神戸（三宮）間を四三銭とする腹づもりでいた。けれども、阪神の梅田〜神戸（三宮）間の運賃は四〇銭である。バランスを欠くので阪急は運賃を同額の四三銭とするよう阪神に要請する。が、見事に拒否された。あまつさえ阪神は、延長予定の梅田〜元町間の運賃も据え置きの四〇銭とする意向を示したからたまらない。これは捨て置けぬと阪急は、監督官庁の鉄道省に抗議、阪神の運賃値上を指導するよう仕向けるのであった。

話を受けた鉄道省としても、阪神を値上げさせることにはメリットがあった。と、いうのも、自らが運営する鉄道省線（国有鉄道東海道本線）の大阪〜三ノ宮間の三等旅客運賃が四九銭で、私鉄二社と比べ、だいぶ不利な設定となっていたからである。

結局、鉄道省が一枚も二枚もかんで、両社ともに新規開業区間は三銭の値上げとする妥協が成立、阪急の梅田〜神戸（三宮）間は四三銭、阪神の梅田〜三宮間は四〇銭のままで、梅田〜元町間は四三銭という運賃設定で落ち着いた。阪神としては、きっとおもしろくなかったに違いない。以上が世にいう「三銭事件」の顚末である。

省線電車の活性化

ところで、大阪〜神戸両都市間の輸送機関としては、忘れ去られたかのような存在と化していた東海道本線がひさびさに出てきたけれども、こちらはこちらで昭和九（一九三四）年七月二〇日に、大胆なる活性化を演じている。

東海道本線の吹田〜神戸間と山陽本線の神戸〜須磨間の電化完成による、同区間の電車運転開始である（同年九月二〇日には電車の運転区間を明石まで延長）。

鉄道省線の電化については、阪神電気鉄道、阪神急行電鉄、京阪電気鉄道、大阪電気軌道、宇治川電気（山陽電気鉄道の前身）の私鉄五社が猛反対の姿勢を示し、小林一三がその代表となって、鉄道大臣、内務大臣、大蔵大臣に陳情したほか、〝建主改従〟（新線建設を優先し、既存線の改良は後まわし）の鉄道政策を旨とする政党・政友会への働きかけも行われたらしいが、昭和四年七月以来の民政党内閣存命中に、なんとか事を成そうとする鉄道省内の勢力が大活躍、見事、実現の運びとなったようだ。

それで、省線電車の運転の具合だが、これが「待たずに乗れる、速い省線電車」とでも謳いたくなるほどの優れものであった。

大阪〜神戸間に限って見てみると、「普通電車」は一〇分間隔の運転で所要時間は三八分（大阪〜三ノ宮間は三四分）、加えて三〇分間隔で「急行電車」の運転があり（停車駅は三ノ宮のみ）、この所要時間が大阪〜神戸間二八分、大阪〜三ノ宮間二五分という、阪急の特急電車とて決して安泰とはいえない速さなのであった。小林一三が陳情に行くのも、うなずけよう（省線が電車運転を開始した段階での阪急の特急電車は、まだ上筒井発着。なお、省線の「急行電車」は急行料金を徴収する「急行」列車〈汽車〉とは別もので、料金不要の今でいうところの「快速」列車である）。

おまけに大阪〜神戸間には、塚本、立花、甲子園口、六甲道、元町という電車専用の駅が五つも新設された。阪神・阪急なにするものぞと、積年の恨み辛みが爆発したのか、鉄道省のやる気も凄まじいものがあったようだ。

かように大阪〜神戸間では、昭和九年以降、阪神対阪急の抗争に、鉄道省までもが戦列に加わって、三つ巴の熾烈な乗客獲得戦が繰り広げられる。この状態は大東亜戦争の戦局が悪化するまで続いた。まさしくわが国屈指の鉄軌道激戦区である。

11 あらゆる方面に及ぶ抗争劇

西宮神社の戦い

阪神対阪急の抗争では、これまでにあげた運輸サービス面での切磋琢磨とは別次元の展開も見られた。粗品合戦もそのひとつ。阪神は、往年の関西鉄道よろしく、車内で乗客にもれなくハンカチを配ったことがあった。もちろん、速い阪急に乗客が流れるのを防ぐためである。けれども、そのことを耳にした阪急は、急遽《きゅうきょ》、車内でタオルを配り出す。阪神間の運賃は、たかだか四〇銭。これは、もう、採算度外視の意地の張り合いとしかいいようがない。

実際、戦前の阪神・阪急両社の対抗意識には、敗戦後の妙におとなしくなった我々日本人など理解の域を超えるがごとき、おどろおどろしい怨念めいた何かがあった。それを伝える有名な話として、次のようなものがある。

阪神電気鉄道・西宮停留場のスタンプ

阪神本線の西宮停留場にほど近い西宮神社の十日戎《えびす》（一月一〇日）でのこと。阪急も西宮北口停留場と夙川停留場との間に西宮戎臨時停留場を設け、怒濤《どとう》の如く押し寄せる何万人もの参拝客の一部を自社線で輸送しようと企てた。「戎さんは阪急で」と大宣伝したのである。

が、これは阪神にしてみれば、乗客の一部を奪われることではないか。けしからぬ話となろう。そこで阪神は、当時、この地域で電力供給事業を手掛けていたのをいいことに（戦前の私鉄は沿線地域への電力供給を事業の一つとしていた会社が多かった）、一月九日の宵戎、西宮戎臨時停留場から西宮神社への参道の街路灯を、すべて消してしまったのである。なんたる大胆不敵な営業妨害であろうか。

「戎さんは阪急で」の宣伝に誘われて、やって来た参拝客もいい迷惑だが、阪急もまさか、そこまでやられるとは思ってもみなかったに違いない。小林一三の怒り狂った顔が眼に浮かぶ。

この話だけを聞くと、阪神電気鉄道なる会社は、何やらならず者集団のような印象を受けるのだが、ときと場合によっては、阪急側もけっこうやることは荒っぽい。

平面クロス妨害作戦

こんな話も聞いたことがある。阪神には、野田から梅田の北側、北野を経由して天神橋筋六丁目に至る北大阪線という支線が存在した。開業は大正三（一九一四）年八月で、こちらは併用軌道の多い純然たる路面電車であった。

昭和三（一九二八）年、北大阪線の終点、天神橋筋六丁目停留場最寄りの天神橋駅を起点する新京阪鉄道の新京阪線が、京都の西院仮駅まで路線を到達させる（新京阪鉄道は京阪電気鉄道の子会社で、昭和五年に京阪電気鉄道に吸収合併となる）。そして、（京阪に統合後の）昭和六年には、京都の中心街にほど近い京阪

新京阪電車ビル

京都（現・大宮）まで路線を延ばし、新京阪線は本格開業を迎えるのであった。

これを契機に、阪神は神戸から天神橋筋六丁目まで直通急行を走らせ、新京阪線との連絡を強化しようと試みる。ただ、経路となる北大阪線には途中、北野付近の交差点において、阪急北野線（既述の通り、梅田〜十三間の高架線完成時に、従来の地平線を折り返し運転の支線として存続させたもの）との平面クロスという難所（?）が存在していた。そこでは、阪急側が優先通行権を握っていたのである。

それをいいことに阪急は、わずか一キロほどの距離しかない北野線に、多数の車両を走らせ、阪神直通急行の運行を妨害したという。まあ、阪急にしてみれば、十三で新京阪線の支線と連絡していたから、なおさら京都方面の乗客を、阪神に奪われたくなかったのだろう（昭和九年には十三〜京阪京都間の急行電車の運転もはじまる。この急行は、天神橋〜京阪京都間の本線急行と淡路において連結解放を行った。なお、お察しの通り、京阪電気鉄道新京阪線は現在の阪急電鉄京都線〔京都本線・千里線・嵐山線〕の前身である）。

阪神、「阪急平野」横断を画す

阪急の阪神勢に対する過激な妨害行為の話はまだある。

大正一二（一九二三）年七月一九日、宝塚尼崎電気鉄道なる会社が、尼崎市の阪神本線出屋敷停留場を起点に北上し、宝塚に至る電気軌道の特許を取得する。

同社の発起人に阪神電気鉄道の関係者はいなかったとされるが、計画段階から阪神本線と接続して直通電車を運行、梅田〜宝塚間を阪神急行電鉄（阪急）宝塚線よりも二〇分近く短縮するという目論みが存在したという。

当然、阪神電気鉄道としても旨味のある話なので、大正一二年七月三一日の取締役会において、宝塚尼崎電気鉄道に対する出資を決め、宿敵阪急の牙城、宝塚への切り込みを画策する。

この計画は、終点の宝塚もそうなのだが、俗に〝阪急平野〟と呼ばれる阪急の縄張りを大胆にも横切るものである。当たり前だが、これは見逃せぬと小林一三は、急ぎ尼崎西宮宝塚循環電気鉄道なる対抗路線の特許申請を行って、戦に向けた陣立てを整えるのであった。

右の対抗路線の計画は、宝塚～西宮北口間の既設線（大正一〇年九月二日開業）を阪神本線今津停留場まで延長（この西宮北口～今津間は特許取得済で大正一五年一二月一八日に開業する）、そこから阪神本線の南側に出て海岸沿いに東へと向かい、尼崎で北へ折れ塚口へ、さらに塚口～伊丹間の既設線（伊丹支線）を伊丹から宝塚まで延伸するという内容で、まさに阪神の縄張りを侵すもの（図5）。こちらも大正一三年五月一九日には、今津～尼崎間を除いて特許が阪急に下される（今津～尼崎間の海岸沿いは、阪神電気鉄道が小林一三よろしく住宅地やスポーツ・レジャーランドなどを開発しようと考えていた地域なので、同社は阪急の出願に対抗して、ほぼ同じ経路の今津出屋敷線を申請、大正一三年五月一九日、阪神側が特許を取得する。なお、結果的に、阪急側の尼崎西宮宝塚循環電気鉄道に関係する特許路線は建設に至らず、阪神側の今津出屋敷線も出屋敷～東浜間が建設されたのみで終わる）。

阪急側が尼崎～宝塚間の路線特許を手に入れたとなれば、阪神系の宝塚尼崎電気鉄道ものんびりとは構えていられない。四苦八苦、悪戦苦闘の末に大正一五年には、なんとか阪神国道以北、宝塚までの区

図5　大正時代の阪神・阪急の路線展開

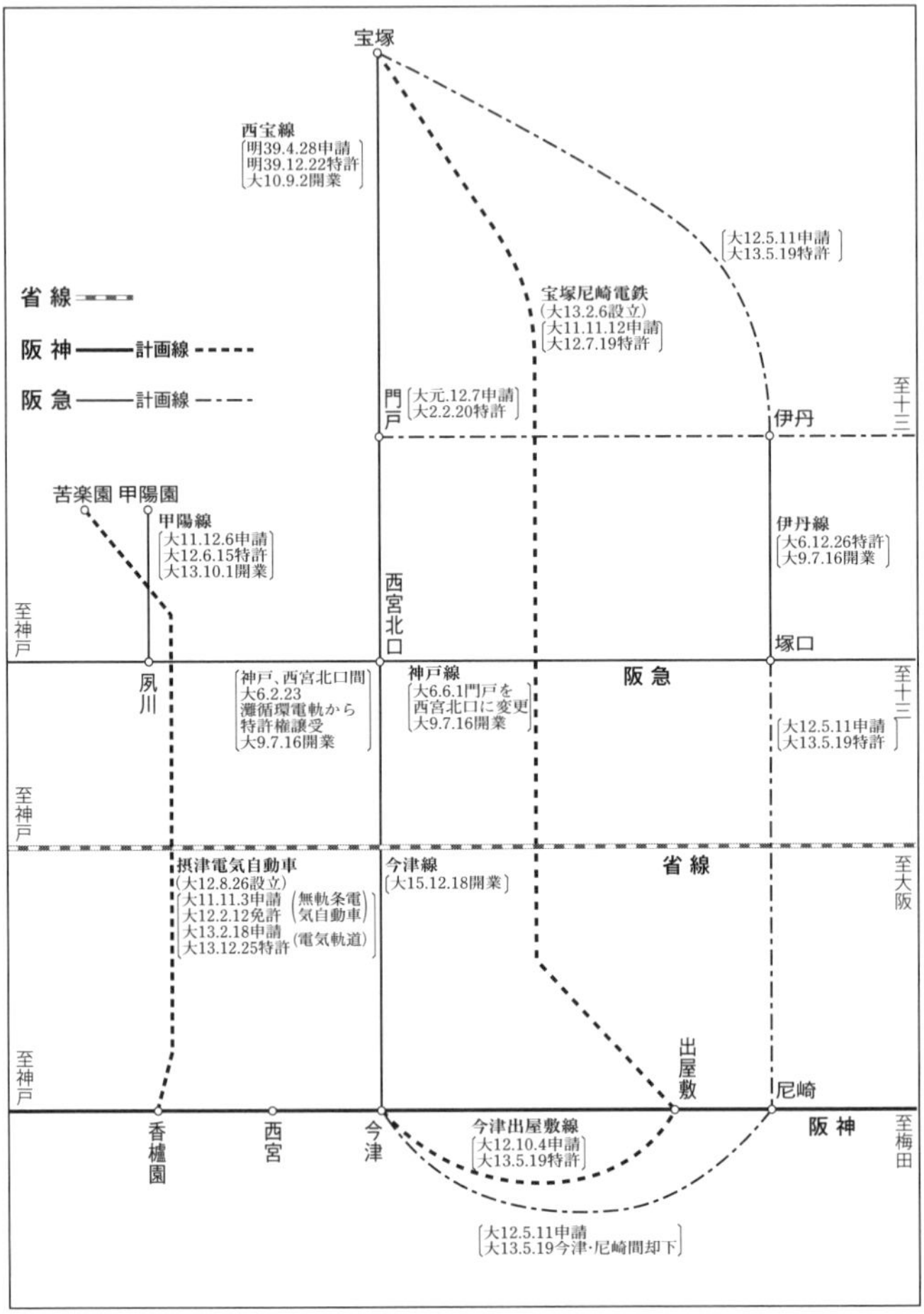

出典：『阪神電気鉄道八十年史』

間について着工するのだが、ここで計画全体が頓挫してしまう。

残りの区間のうち尼崎付近に関して、都市計画との絡みから高架式にするよう尼崎市が求めてきたのである。

宝塚尼崎電気鉄道の資金力では、そのようなことは無理であり、また、仮に実現したとしても、地平を走る阪神本線との接続が難しく、梅田〜宝塚間の直通運転は断念せざるを得なかった。すなわち、計画の根本意義を失う、ということなのであった。

結局、着工して、ほぼ土木工事を終えていた宝塚側区間の鉄道用地は道路に転用となり、昭和七年に日本最初の自動車専用道路として開通（昭和一七年には兵庫県がこの道路を買収し、以降、県道となって自動車専用ではなくなる。現在の尼宝線）、ここに阪神系の阪神国道自動車（阪国バス）が梅田〜宝塚間の直通路線バスを走らせるのであった（阪神国道自動車は昭和三年に会社が設立され、支配権をめぐる阪急（初期の出資者の一つ）との争奪戦の末に阪神傘下となって、昭和七年一一月に宝塚尼崎電気鉄道を吸収合併、戦後の昭和二四年には阪神電気鉄道に事業を譲渡する）。

むろん、この阪国バス、宝塚では、歌劇帰りの人らを相手に「梅田へはこちらのほうが便利でっせ」とやったわけだから、それは阪急も黙ってはいられない。なんと、バリケードをつくって、バス乗り場への道をふさいでしまったという。

電気消灯暗闇作戦の阪神に、バリケード封鎖作戦の阪急と、両社ともに実に意地っ張りであるけれど、尼崎宝塚電気鉄道の出願に対抗する阪急の尼崎西宮宝塚循環電気鉄道の出願なども、ほんとうに意地こそなせる技以外の何ものでもない。もし、両方完成していたならば、共に採算割れとなっていただろう。

阪神の侵攻と甲陽線建設

似たような事件が、桜の名所、夙川のほとりでも起こっている。

宝塚尼崎電気鉄道事件勃発の少し前となる話だが、大正一一（一九二二）年一一月三日、阪神電気鉄道は別会社の摂津電気自動車の発起人を通じて、阪神本線香櫨園《こうろえん》停留場から夙川に沿って北上し、阪急神戸線を越えた北側の苦楽園へと至る無軌条式電気自動車（トロリーバス）の乗合運輸に関する営業免許の申請を行った。

これも明らかなる阪急が縄張りへの阪神勢の侵攻であり、阪急はもちろん防衛のため俊敏に動いて、大正一一年一二月六日、神戸線の夙川停留場を起点に苦楽園口を経て甲陽園に至る電気軌道路線（甲陽線）の特許申請をするのであった。

それで、摂津電気自動車へは大正一二年二月一二日に営業免許が下り、同社はその年の八月、正式に会社設立を果たすも、直前の六月一五日には阪急側の甲陽線に対する特許も下付される。

当然、阪急は阪神の侵攻を阻止するため突貫工事で甲陽線を建設、なんと一年と三ヵ月後の大正一三年一〇月一日には、もう同線の営業をはじめてしまう。韋駄天が如き早業、実にお見事。

一方、阪神側の摂津電気自動車だが、こちらはその路線に阪神国道（阪神系の阪神国道電軌が昭和二年より路面電車を運行、昭和三年には阪神直営の国道線となる）、東海道本線、阪急神戸線との平面交差があって、輸送能力が減殺するうえに、危険であることが問題化、全区間新設軌道の電気軌道路線へと計画の変更がなされる。結果、社名も摂津電気自動車を摂津電気軌道と改め、大正一三年二月一八日に出願、同年一二月二五日に特許の下付をみるのだが、当該地域にはもう阪急甲陽線が走っており、結局のところ、建設にはいたらなかった。

まさしく〝先手必勝〟といえる話ではあるけれども、阪急は果たして本件に関し、ほんとうに勝者と言えるのだろうか。甲陽線はどうみてもドル箱路線とは思えないので、阪神の侵攻を阻止するため、しなくてもいい投資をしてしまった、というのが、阪急の本音ではなかろうか。

意地の張り合いは、とんだ出費を招くものである。

12 山の上でも縄張りを競う

六甲山戦争

阪神電気鉄道と阪神急行電鉄の抗争は、並行路線である阪神間の電気軌道事業で直接的に展開されたばかりでなく、乗合自動車（バス）事業や計画路線出願などにおいても繰り広げられたわけで、さらには、不動産事業や観光開発などでも、やはり熾烈な競争が演じられている。

観光開発をめぐる抗争の代表例は、「六甲山戦争」とでも銘打ちたくなる、その山の上で行われた両社最後の縄張り争いであろう。

六甲山とは大阪湾の北岸、西宮から神戸にかけて屏風のように連なる六甲山地の最高峰で、標高は九三一メートル。大阪湾や大阪平野を一望にする山上からの眺めは素晴らしく、山頂の西側に約四キロにわたって続く平坦地には、別荘などが立ち並んでいる。

阪神電気鉄道と六甲山の関わり合いは、明治四三年、そこに社員保養施設の「阪神クラブ」を置いたことにはじまり、大正に入ると、電力供給事業の配電基地の一つをこの山に設けたりする。

かような縁から、昭和二（一九二七）年、小学校の建設資金に困っていた当時の有馬郡有馬町唐櫃《からと》地区より阪神に相談が持ち掛けられ、山頂付近を含む六甲山上一帯の区有地二五〇ヘクタールを一六〇万円で同社が購入することとなった。

以降、阪神は六甲山の開発に力を注いでいく。まずは植林し、道路を整備して、登山用のケーブルカー（鋼索鉄道）を敷設、続いて観光用の遊園地や高山植物園などをつくっていった。さらには、別荘の分譲にも手を染めた。雲ヶ岩、天狗岩、山水荘などの絶景地を切り開き、計五〇ヘクタール・二五〇区画を大手企業や富豪らに売りさばいたという。

この山上における別荘地分譲や貸別荘、遊園施設等の運営は阪神の直営であったが、ケーブルカーや乗合自動車（路線バス・貸切バス）に関しては、子会社の六甲越有馬鉄道が運行を担った（ケーブルカーは昭和七年の開業で、大東亜戦争を挟む一時期は休止となるも戦後に再開される。なお、阪神は隣の摩耶《まや》山へ登る摩耶鋼索鉄道も系列下におき、戦後、これと六甲越有馬鉄道が合併して六甲摩耶鉄道（現・六甲山観光）が誕生する）。

さて、かたや阪急の六甲山に対する動きであるけれど、山上の広大な土地を阪神が買収し、開発に本腰を入れると聞いて、何もしないわけはないのであって、「先を越せ」との小林一三の大号令が飛び、阪神勢のケーブルカーよりも一年早く、六甲登山架空索道による登山ロープウェイ（索道）の運行を開始するのであった（昭和六年開通、大東亜戦争中に不急不要のものとされて鉄材供出のため撤去となった）。

これ、六甲越有馬鉄道とは完全なる競合路線であり、その開業後には、麓で両陣営の社員らがメガホンを持ち、登山客の呼び込み争奪合戦を演じたのは、ご想像の通り。

で、この登山ルートに関する勝敗の行方だが、阪急電車との乗継券などが功を奏したのか、ロープウェイ側の客が常に多かったという。まあ、阪神本線よりも阪急神戸線のほうが六甲山寄りを走っているので、地の利の良さも作用したのだろう。

ほかにも阪急は、山上の別荘地分譲に貸別荘経営を直営事業として展開、さらに、子会社の宝塚ホテルによる食堂や宿泊施設（六甲山ホテル）の運営、六甲山乗合自動車による路線バス・貸切バスの運行なども行った。

実のところ、山上に観光施設といえるものを先にこしらえたのは阪急側であった。もっとも、それは観光施設といっても単なる食堂なの

摩耶鋼索鉄道が建設した摩耶観光ホテル

『阪急沿線案内』（大正13年）より

だが。

六甲山でも先手必勝ぎみの阪急だが、どうしても勝てなかったのが土地の買収で、阪神のおよそ七分の一でしかない三八ヘクタールで終わっている。阪神の買い残したところを中心に確保せねばならなかったためで、これに関しては阪神側が先手必勝であったようだ。

ここまでの話からもおわかりの通り、六甲山にて開拓された両社の商いは、ほとんどがダブっており、また、当然といえば当然なのだが、お互いまったく連携などしていなかった。

阪神側のケーブルカー・バスで登山すれば、阪神系の諸施設・貸別荘へ、阪急側のロープウェイ・バスで登ったならば、阪急系の諸施設・貸別荘へ、おのずと向かってしまうという具合で、かかる事情を知らないで登山した観光客、たとえば阪神の別荘を借りたのに、ロープウェイで登ってしまった人などは、山上でなかなか目的地にたどり着けなかった、ということも多かったらしい。

紛れもなく、戦後の箱根山における西武系と小田急系の争いに様相がそっくりではないか。「六甲山戦争」と銘打ちたくなる所以である。

阪急阪神ホールディングスへ

ことほど左様に戦前は、さまざまな分野において熾烈な抗争劇を披露してきた阪神と阪急なのに、今は両社が経営統合により一つの企業体、阪急阪神ホールディングスにまとまっているのは、まるで夢でも見せられているかのようである（阪急阪神ホールディングスの下に鉄道事業会社として阪急電鉄と阪神電気鉄道がぶら下がっている恰好）。

ご承知のように、村上ファンドによる阪神電気鉄道株式の敵対的買収事件の際、かつては生涯の宿敵といって過言ではなかった阪神急行電鉄の末裔、阪急ホールディングスが、あろうことかホワイトナイトとなって救いの手をさしのべた結果の産物だが、それにしても、まさに〝昨日の敵は今日の友〟といえる統合劇であった。なんだか、織田軍に攻め込まれた最末期の武田軍を救うため、上杉軍が挙兵したのに通じる美談で、なんとも日本人泣かせの一席である。

歴史とは、ときに、とんでもない悪戯をするもの。小林一三も、涅槃でさぞや眼を丸くしているに違いない。

なお、阪神急行電鉄は大東亜戦争中に国策によって京阪電気鉄道と強制合併させられ、社名は京阪神急行電鉄となる（通称は「阪急」のまま）。そして、敗戦直後、この京阪神急行電鉄から今の京阪電気鉄道が分離独立するも、旧・新京阪線が京都線として阪急側に残ったため、社名の変更はなされなかった。しかし、その後の昭和四八（一九七三）年に、世間に通りのよい「阪急」の名を用い、社名を阪急電鉄と改称する。

続いて平成一七（二〇〇五）年、阪急電鉄は持株会社の阪急ホールディングスに移行、その傘下に鉄道事業会社の（新）阪急電鉄を置く体制となり、平成一八年の阪神電気鉄道買収時に阪急ホールディングスを阪急阪神ホールディングスに商号変更したという流れである。

もう一件補足すれば、阪神本線や阪急神戸線・宝塚線は戦前より実体は鉄道ながら、法規上は戦後も長らく「軌道」のままであった（新京阪線譲りの阪急京都線は当初から法規上も「鉄道」である）。内務省変じた建設省が既得権益の保持に躍起となった結果なのかどうかは定かではないが、右の路線の「軌道」から「鉄道」への変更が許可されるのは、阪神が昭和五二年一二月、阪急が昭和五三年三月と、両社の長い歴史からしてみれば、つい最近のことであった。

第二戦

東京地下鉄道 VS 東京高速鉄道

I 〝地下鉄の父〟早川徳次

東洋初の地下鉄・東京地下鉄道

文豪・川端康成が、雑誌『モダン日本』の昭和七（一九三二）年六月号から一二月号にかけて連載した『浅草の九官鳥』に、次のようなくだりがある。

浅草松屋は、地下室から地下鐵道の發着所へ地下道がある。二階へ東武鐵道が發着する。一階の正面入口に、その出札場。綾吉がエスカレエタアで二階へ昇つてゆくと、右手が待合室。テエブルの上に、

（御手廻品御注意）

その前に坐つて煙草を吹かしてゐると、離れた椅子からわざわざ立ち上つて來た田舎娘が、

「あのう、阿佐ケ谷つて、遠いんでせうか。」

開設当初の東武鉄道浅草雷門駅（現・浅草駅）の模写だが、二階右手の待合室以外は、今も配置はあまり変わっていない。〝地下鐵道の發着所〟とは、東京地下鉄道の浅草駅で、現在は東京メトロ（東京地下

鉄㈱）銀座線浅草駅となっている。

浅草～上野間に日本初、いや東洋初の地下鉄が開業したのは昭和二年一二月三〇日のこと、のちに〝地下鉄の父〟と呼ばれる早川徳次の熱意の賜物であった。

引用文にある〝地下道〟は、昭和六年の東武鉄道浅草雷門駅開設に伴い設けられたものだが、これと対極の位置に存する地下鉄浅草駅の出入口のひとつ、隅田川に架かる吾妻橋のたもと、その名も「吾妻橋口」は、銅版葺きの屋根も見事な赤っぽい神社風の建物で、俗に〝赤門〟と呼ばれている。

この出入口は地下鉄開業以来のもので、階段の反対側にある鉄製飾りの中心の正円内には「地下鉄出入口」の文字が美しく図案化されている。なんとも粋でしゃれた趣向だ。パリの地下鉄の出入口に通じるものがあるという人もいる。世界の地下鉄を見て歩いてきた早川のアイデアだったのかもしれない。

東京地下鉄道・浅草駅吾妻橋口

地下鉄建設計画の着想

「東京地下鉄道」開業までの早川の道程はいばらの道であった。少し話が長くなるかもしれないが、大要は次のごとくである。

早川徳次は、明治一四（一八八二）年一〇月一五日、山梨

地下鉄の父・早川徳次

後藤新平

県は東八代郡御代咲村に生まれる。父の常富は御代咲村長、兄の富平は山梨県会議員を務めるなどしており、早川家はいわば地域の〝名望家〟であったといえる。

旧制甲府中学校を卒業後、早川は第六高等学校へ進むが、病気のために二年次で中退、その後、病が癒えると上京して、早稲田大学の法科に改めて入学する。

早稲田在学中には政治家を志し、南満州鉄道（満鉄）初代総裁の後藤新平に「我国ノ使命」なる題の論文を送付。運良く後藤の知遇を得て、明治四一年、早稲田大学法科卒業後、南満州鉄道（満鉄）に秘書課嘱託として入社を果たす。

そして後藤が逓信大臣兼鉄道院総裁に転じると、早川も後を追って鉄道院中部鉄道管理局に移籍する。鉄道業界で活躍したいとの考えから、後藤に頼み込んだのだという。

中部鉄道管理局では鉄道の実務を知るため、自らが強く希望して新橋駅で勤務した。当時の鉄道院では、大卒者が駅の現場で勤務するなど、まさに異例中の異例であった。

早川が鉄道に興味を抱いたのは、同郷山梨県出身の大先輩である根津嘉一郎（東武鉄道社長）の影響ともいわれている。

根津嘉一郎は、明治期、倒産寸前だった東武鉄道の経営再建に腕をふるい、以降、多数の鉄道会社の経営に参画し、「鉄道王」と呼ばれて私鉄業界のリーダー的存在となった人物である。

早川は、その根津にも接近して、やがて同氏に招かれ、東武鉄道が買収の話を進めていた佐野鉄道（現・東武鉄道佐野線の一部）の支配人をまかされる。同鉄道の経営再建を託されたわけだ。早川徳次、三十歳のときであり、ほどなく四パーセントから一〇パーセント以上への増配を実現させた。

わずか六ヵ月という素早さで佐野鉄道の経営再建に成功した早川は、根津の絶大なる信用を得て、こんどは根津自らが社長を務める高野登山鉄道（現・南海電気鉄道高野線）の現地総支配人に抜擢される。同社の業績も実に芳しくなかったのだが、早川は甲州人特有の経営手腕を発揮して、これも二年余りで再建を方向づける。しかし、大正三年、常務との衝突からか同社を飛び出してしまった。

その後も大阪に留まっていた早川は、港湾設備が不十分なために船舶と鉄道との海陸連絡が機能を果たしていない大阪港を見て、鉄道と港湾の関係を海外において調査する必要を痛感、欧米の鉄道・港湾の視察に旅立つのであった。このとき早川は、鉄道院嘱託の肩書きをもらっていた。山梨県出身の代議士の紹介で、ときの総理大臣・大隈重信に取り入ったようである。

大正三（一九一八）年八月、早川は、最初の訪問地ロンドンにて、地下鉄というものに初めて遭遇する。

根津嘉一郎

このころのロンドンの町の交通機関といえば、バス、路面電車、高架鉄道と多様であったが、それらはどれも凄まじい混雑を呈していた。こうした中にあって市内に八路線を有した地下鉄は有効に機能し、ロンドン市民には欠くことの出来ない交通機関となっていたのである。

これを見て早川は、東京での路面電車の日々の大混雑と運行の混乱を思い起こし、東京市において地下鉄建設を実現させることこそが、己の生涯の仕事だと、悟りをひらくのであった。

目的が定まった以上はぐずぐずしてはおれぬ。調査対象を鉄道と港湾の関係から、地下鉄に変えて、早々にグラスゴー、パリ、ニューヨークなどの地下鉄都市を巡り、大正五年九月には帰国する。

2　地下鉄建設計画実現に向けて

東京軽便地下鉄道

帰国早々早川は、大日本帝国政府や東京府、東京市、そして財界人などに地下鉄の必要性を説いてまわるのだが、誰からも相手にされなかった。それればかりか、「ホラ吹き」「山師」「食せ者」などと批判される有様であった。まあ、海のものとも山のものともつかぬ地下鉄だし、資本もなく、実業界のバックアップもなかった早川だから、これは到し方ないことかもしれない。

多少なりとも地下鉄に知識が有る人ですら、東京市内中心部は地盤が軟弱なうえに出水が多く、ゆえに建設は不可能とか、路面電車に比べて建設費が著しく高いため、採算がとれないといった意見がほとんどで、早川の話に耳を傾ける者などいなかったのである。

『東京地下鉄道史 乾』には、次のような早川の述懐が収録されている。

その頃一般世間の者は理解がないから、早川は山師でホラ吹きだといわれたが、しかし、福沢諭吉先生が御自分からホラをフクザワ嘘をユウキチといって居られたが、後には社会から先覚者として尊敬せられたではないか。こう考えて世間の蔭口《かげぐち》など私も気にはかけなかった。

まあ、しかたがないので、東京市内の交通量や地質、湧水の量などを早川は自分一人で調査することにした。交通量調査では、毎日、市内の交差点に立ち、ポケットにしのばせた豆粒を計数器がわりに、人、市電などの往来を勘定したという。かかる涙ぐましい努力により、浅草〜上野〜銀座〜新橋を結ぶ線上の交通量が最も多いことが判明、このラインを地下鉄の予定線に決めるのであった。

また、地質図や井戸掘削の調査図から、地盤も予想に反して堅固なうえに、地下鉄を建設しようと考える地層では湧水量も少ないことが判明、早川はいよいよ自信を深めていった。

大正六（一九一七）年一月、早川はつてを頼って、財界の大物、渋沢栄一に接近する。渋沢は地下鉄建設計画に賛意を示し、早川に奥田義人東京市長を紹介、同氏からも賛意が得られた。ただし、東京市営で行なうのは財政的に困難なため、民営で実現してほしいとの条件が付けられた。合わせて、東京市会議長の中野武営からも支持を得る。協力者の層も次第に厚みを増していったわけである。

このころ、早川の動きが、なにかと世間の注目を集めるようになっていた。当然、地下鉄建設を目論む別派の出現も考えられる。そこで早川は大正六年七月、とりあえず法定最小限度の七人の発起人を集めて、東京軽便地下鉄道株式会社とし、品川付近〜新橋〜上野〜浅草間の本線と上野付近で分岐し南千住に至る支線の建設免許申請を東京府知事に提出した。帰国からわずか一〇ヵ月後のことであった。

社名に「軽便」と入れたのには理由がある。鉄道国有化で消えた日本鉄道、山陽鉄道、九州鉄道などの大私鉄向けに用意された「私設鉄道法」では、なにかと面倒な手続きも多いので、建設予定の地下鉄をとりあえずは簡易な「軽便鉄道法」準拠の軽便鉄道扱いとしたのである。

「軽便鉄道法」は地方交通の発展を図るために政府が行った政策であり、公布は鉄道国有化後の明治四三（一九一〇）年四月であった。

〝軽便鉄道〟とは、普通鉄道よりも規格の小さな鉄道をいい、日本では国有鉄道の標準軌間（ゲージサイズ）となっていた一〇六七ミリ軌間よりも狭い軌間の鉄道を指すのが一般的である（国有鉄道との貨車直通を念頭においた一〇六七ミリ軌間を採用する軽便鉄道も多かった）。鉄道国有化以降、局地的な交通は、かような低規格の鉄道で十分と考えられたようで、政府は軽便鉄道の普及により、地方の交通を発展させようと企てた次第。

「軽便鉄道法」は「私設鉄道法」に比べ、きわめて簡素な内容が特徴だ。簡単に言えば、「私設鉄道法」

が全文九八ヵ条で構成されているのに対し、「軽便鉄道法」は全文わずかに八ヵ条、「私設鉄道法」の準用条項を加えても一五ヵ条にすぎない。

鉄道路線の認可手続きも簡単であり、免許も一回で与えられるようになった。また「私設鉄道法」では、免許資格が株式会社に限られていたが、「軽便鉄道法」では合名会社、合資会社でもよく、個人でもいっこうにおかまいなしとされた。

実際の線路敷設においても、軌間の制約はなく、曲線・勾配の制限も緩やかなものであった。結果、建設費用を抑えることが十分に可能で、小資本の会社でも参入することができたのである。

で、東京軽便地下鉄道の免許申請は、もっとも難関と思われた東京市会からの反対も出ず、東京府知事の賛同を得て、無事、鉄道院に送られた。

東京市は、市内交通機関はすべて市営が理想との考えのもと、市電の経営悪化につながる民間鉄道の市域内進出をよしとは思っていなかった。京成電気軌道（現・京成電鉄）が押上〜浅草間の特許を取得しようとした際、五回にも及ぶ出願がいずれも東京市会により否決されるが、それもそのことが多少は関係していたと思われる（京成は昭和六年に同区間の特許を取得するが、結局、浅草進出は実現しなかった）。しかるに、新参の東京軽便地下鉄道であるのに、すんなり事が運んだのは、奥田東京市長の死により東京市会が混乱していたためだといわれている。

相次ぐ地下鉄建設計画

ところが、一難去ってまた一難である。書類が回った鉄道院には、「もぐら」のように土のなかを走る鉄道の実現など信じられる者がいなかった。石丸重美副総裁にいたっては、「こんなあぶなっかしいものが東京にできてはたまったもんではない。だいいち、宮城近辺の土のなかを走るなどけしからん」と言って、書類をはねつけたという。早川の鉄道院通いは続いた。

このとき鉄道院監督局総務課長のポストにあったのが、のちに東急グループの総帥となる五島慶太である。五島は、早川の熱意に敬意をはらっていたらしい。しかし、この五島が、やがて早川の生涯の宿敵となるのであった。

石頭揃いの鉄道院にも、ただ一人だけ、熱心な賛成者がいた。のちの監督局長、井出繁三朗である。氏は独自の観点から、東京のような大都市では、将来、必ず地下鉄が必要とされる時代がくることを見抜いていた。井出の反対派説得により、徐々にではあるが院内も地下鉄に対して好意的になっていったという。

一方、東京市会が東京軽便地下鉄道敷設に賛成したことが契機となって、有名・著名な企業家たちによる大資本を背景とした、新たな地下鉄建設計画が次々に示されるようになる。

大正七（一九一八）年一一月には、岡田治衛武らによる武蔵電気鉄道が上目黒〜渋谷〜青山〜永田町〜有楽町間の路線を、大正八年一月には利光鶴松らによる東京高速鉄道（旧）が日比谷公園〜六本木〜渋谷間ほか三路線を、そして飯田義一らによる三井財閥系の新会社、東京鉄道が同年二月に渋谷〜新橋

〜上野〜浅草〜南千住間他四路線を、それぞれ免許出願したから、早川も面白くはなかっただろう。

四社競願状態のなか、鉄道院は、先願で計画もしっかりしていた東京軽便地下鉄道に免許を与える方針を固めていたのだが、発起人の貧弱さを問題視する向きも多かった。発起人に有力者を追加するようにとの指導を受けた早川は、佐野鉄道以来の恩人である根津嘉一郎の支援を受け、京浜電気鉄道社長の安田善三郎、樺太工業社長の大川平三郎、台湾精糖社長の山本悌二郎ら当時の産業界の有力者二十人の追加発起人を揃え、これに対処した。

東京軽便地下鉄道が最有力との噂が流れると、地下鉄建設を目論む他の三社から早川のところに合併の話が舞い込むようになった。大資本との合併は、事業を乗っ取られる恐れがあるので極力避けたいところだが、鉄道院の意向もあったらしく、早川は東京鉄道との間で、将来は対等合併するとの覚え書きを交わした。

3「東京地下鉄道株式会社」設立

「地方鉄道法」の公布

大正八（一九一九）年一一月一六日、東京軽便地下鉄道に地下鉄道敷設免許状が下された。同年四月九日には「地方鉄道法」が公布されたため（施行は八月一五日）、地下鉄路線は軽便鉄道ではなく地方鉄道となる。それゆえに軌間（ゲージサイズ）も当初予定していた七六二ミリから、世界標準軌間の一四三五ミリに変更している。

余談だが、「地方鉄道法」公布の背景も説明しておく。明治四三（一九一〇）年の「軽便鉄道法」の制定においては、従来からある鉄道・軌道の軽便鉄道への変更が認められていた。となれば、しち面倒くさい「私設鉄道法」の適用を受けていた私鉄のなかからも、軽便鉄道に変更する会社が出てくるわけである。さらに、一部の私鉄の国有化（「鉄道国有法」以降も、私鉄路線の国有化は小刻みながらも行われていく）などもあって、大正七年には「私設鉄道法」の適用を受ける私鉄が皆無となってしまった。結果、「私設鉄道法」は空文化したのである。

そこで政府は、「私設鉄道法」に代わる法規として、大正八年に「地方鉄道法」を公布したという次第。同法は、条文が簡単すぎて法規というにはあまりにも不十分であった「軽便鉄道法」の規定を強化したもので、従来、命令書によって要求していた諸条件が法律として条文化されるようになった。ただ、全文四四ヵ条だから、「私設鉄道法」に比べれば、それでもかなり簡素なものであったといえる。

この法律制定により、「私設鉄道法」「軽便鉄道法」は廃止となり、私設の「鉄道」の監督法規は「地方鉄道法」に一本化をみたのであった（「軌道条例」準拠の私鉄〔「軌道」を経営する会社〕は従来通りそれを適用。ただ、「軌道条例」も、大正一〇年四月一四日に「軌道法」が公布されて廃止となる）。

早川、東奔西走す

話を戻せば、地下鉄道敷設免許状は全八条からなっていたが、その第五条に「地方鉄道補助法」による補助を許可しないことが示されていた。同法は「地方鉄道法」により免許を下付された会社に対し、鉄道院が審査のうえ補助金を与える制度であるけれど、建設費がかさむ地下鉄にとって、それが認められないということは、経営上、大きな痛手だ。まあ、仕方がない。

翌大正九（一九二〇）年には、地下鉄建設計画で後発の三社にも免許状が下付された。大岡裁きといったところだろうか。この年、五島慶太が武蔵電気鉄道（路線未開業）の常務取締役に招かれている。これが、のちに大きな波紋を巻き起こすことになろうとは、早川自身、知る由もなかったであろう。

話が横道にそれるが、大正一一年、五島は、阪神急行電鉄（阪急）小林一三の紹介により東京府下荏《え》原《ばら》郡にて田園都市開発を計画していた渋沢栄一に面会する。そして、田園都市会社電鉄事業部門の経営一切を任されるようになり、これを目黒蒲田電鉄として独立させ、同社の専務取締役に就任した。渋沢は、当初、私鉄経営の先覚者である小林に電鉄事業部門の経営を一任したいと考えていたようだ。しかし、小林は、関西在住を理由にこれを辞退、自分の代わりにと五島を推挙する。このあたりのことは前にも少しふれている。で、目黒蒲田電鉄は、その後、武蔵電気鉄道が変じた東京横浜電鉄と合併する（両社とも五島がトップだが、小林も取締役として関与していた）。これが今の東京急行電鉄（東急）の原形である。

一方の早川だが、免許下付以降、会社設立に向けた準備を本格化させる。なんとか発起人・賛成人を二三八名集めることができ、大正九年二月、第一回の発起人会を開催した。

ここで東京軽便地下鉄道は社名を「東京地下鉄道株式会社」に変更することを決める。「地方鉄道法」公布に伴い、地下鉄路線を軽便鉄道から地方鉄道に変更したためであった。このほか、根津嘉一郎らの発起人総代への就任と、全八〇万株のうち一〇万株を公募することも決定された。

四月には株式の公募がはじまり、早川に加えて根津も募集に東奔西走したためか、一四万五二九三株もの応募があった。なかなかの人気ではないか。

だが、いざ会社設立の段になると、財界の不振から発起人・賛成人割当分の株式払い込みが思うように集まらず（発起人には東京鉄道の関係者もいたが、彼らは同年三月に自社にも免許の下付をみたため、払い込みにはほとんど応じなかったという）、発起人のなかからも解散説をとるものが多く現れる。けれども早川は、毎度ながらここでも苦心惨憺《さんたん》して出資金を募り、会社をなんとかまとめあげる。

大正九年八月に開かれた創立総会では、公募株主からも会社解散を求める声が出たものの、早川の必死の説明や、議長を務める根津の巧みな議事進行により、なんとか会社創立が承認される。やれやれである。

初代社長には、鉄道土木界の先覚者で逓信次官や鉄道会議議長ほかを歴任した古市公威男爵を擁立（阪神電気鉄道の話でチラリと出てきた人物）、早川が常務取締役で（のちに代表権を有する専務取締役に昇格する）、根津嘉一郎も取締役として名を連ねた（東京地下鉄道の社長としては、関東大震災のころ、元鉄道院総裁の野村龍太郎も顔を出すが、以降は根津嘉一郎が務めるようになる）。

同年、早川旧知の後藤新平が東京市長に就任した。後藤に根津といった強力な後ろ楯を得て、早川が夢見た地下鉄は、いよいよ現実味をおびてきたようだ。ただ、資本金に関しては、当初見込んだ額の四分の一しか集まらなかった（資本金四〇〇〇万円での会社設立を予定していたが、一〇〇〇万円に変更する）。

4 ようやく叶った地下鉄の開業

浅草～上野間の開業

大正一二（一九二三）年九月に起こった関東大震災による混乱や資金不足などから、東京地下鉄道は第一期工事区間を上野～新橋間から浅草～上野間に変更した。同じころ、東京鉄道、武蔵電気鉄道、東京高速鉄道（旧）改め小田原急行鉄道（現・小田急電鉄）のライバル三社も、おりからの不況から、地下鉄建設はまったく着工できないでいた。この後発三社は、結局、地下鉄路線免許を失効してしまう。かかる醜態に目をつけた東京地下鉄道は、事業拡大のチャンスとばかりに、追加路線の免許出願に乗り出すのだが、ここで予期せぬ新ライバルが現れた。大正一四年に、東京市自らが六路線からなる地下鉄免許を出願したのである。

鉄道院変じた鉄道省は、なぜか新規参入の東京市に免許を与え、東京地下鉄道の出願をすべて却下してしまった。ところが、東京市もいいかげんなもので、財政悪化などから地下鉄建設には、まるで手を

東京地下鉄道の起工式

つけなかった。

そこで、この行き詰まりに着目し、大倉組取締役の門野重九郎、脇道誉や小田原急行鉄道社長・利光鶴松などが中心となって大正一五年八月、新たに東京高速鉄道（新）を立ち上げ、東京市営地下鉄の建設を代行しようと画策する。が、東京市の反発をくらい、これも企画倒れに終わっている。東京高速鉄道（新）設立も、ひとまずは水泡に帰したという次第（東京高速鉄道（新）の発起人には、東京地下鉄道の建設工事を請け負った大倉組の役員が名を連ねていたので早川は驚き怒る。東京市が東京高速鉄道（新）の出願を却下したのは、早川の工作だともいわれている）。

話が前後するが、一方の東京地下鉄道は、大正一四年九月二七日、浅草～上野間の地下鉄建設工事に着手した。偶然かな同日は、一〇〇年前の一八二五年にイギリスのストックトン～ダーリントン間で蒸気機関車ロコモーション号が走行、世界初の鉄道が開通した日ともされていた。早川はこの日のことを、のちに「自分の生涯において、最大の歓喜」と振り返っている。

浅草～上野間の地下鉄建設工事は、路面から掘り下げる開削工法によって行われ、集中豪雨による出水や、ガス管への引火などの事故は若干あったものの、ほぼ順調に進められていった。

昭和二（一九二六）年一二月三〇日、早川徳次積年の夢であった東京地下鉄道の上野〜浅草間二・二キロがついに開業する。浅草〜品川間免許線のうちの第一期線である。早川がロンドンで地下鉄に遭遇してから一三年目の出来事であった。

あれもこれも新機軸

この新規開業の地下鉄路線、運賃は一〇銭均一で、三分間隔の運転、浅草〜上野間の所要時間は四分五〇秒となっていた。同路線は、私鉄最初の第三軌条式（車輪が走行する二本のレールとは別に電力供給用の三本目のレールを設ける方式）であり、機械式のＡＴＳ（自動列車停止装置）も装備していた。車両は車長一六メートルの不燃の全鋼製車でドアエンジン付き、車内には影のできない間接照明が施された。また、浅草、田原町、稲荷町、上野の各駅改札口にはターンスタイル（運賃の一〇銭玉を投入したら人が一名通れる機械的な自動改札機）を置いて人員の節約を図るなど、設備面でも数多くの新基軸を盛り込んでおり、それらも実に世間の注目を集めていたようである（ターンスタイルは、のちに運賃の一〇銭均一制が廃止されて撤去となる）。

東京地下鉄道開業披露式

地下鉄というだけに全区間地下線であったが、車庫だけは上野にほど近い万年町の地上に設けられていた。

もちろん、日本はおろか東洋唯一の地下鉄だから、もの珍しさも手伝って乗客が殺到、初日だけで約一〇万人を運ぶ。順番待ちの長い行列が街路にまであふれ、一時間以上並ばないと乗れないほどの盛況であった。

「フランス陸軍服から型をとった服装の車掌五〇名をはじめ社員五六〇名テンテコ舞い」と、東京朝日新聞が昭和二(一九二七)年一二月三一日付で報じているほどだ。

次々と運び込まれてくる一〇銭玉の詰った袋を早川は抱きしめ、男泣きに泣いたという。さぞや、感無量であったに違いない。

浅草〜上野間の地下鉄路線の開業後間もなく、浅草駅は雷門にほど近い出入口(現在の「雷門口」)のところに、東京地下鉄道は地上七階、地下一階建ての雷門ビルを建てる。

地下鉄路線の延長には莫大な費用がかかることから、副業収入を得ようと考え建設された駅ビルで、竣工は昭和四年であった。で、ビル内には、「地下鉄食堂」が設けられていた。

早川は、この食堂にもかなり力を入れていたようで、同郷の小林一三を頼って幹部社員を梅田阪急百貨店に派遣、そこの食堂で修業させている(そもそも早川が雷門ビルに直営食堂を設けたのは、小林に相談した結果のことだといわれる)。ちなみに、東京地下鉄道の第一期社員は、早川が呼び寄せた甲州人(山梨県人)が中心をなしていた。懐かしさから小林も、指導に力が入ったことだろう。

5　東京地下鉄道躍進のとき

地下鉄ストアの登場

四苦八苦の末に、なんとか昭和二（一九二七）年一二月に浅草〜上野間の地下鉄路線を開業させた東京地下鉄道だが、以降は順調にコトが運び、昭和五年一月には上野〜万世橋（仮駅）間、翌六年一一月には万世橋（仮駅）〜神田間と、矢継ぎ早に路線を延ばしていった（万世橋（仮駅）は神田延伸時に廃止）。と、同時に、副業にもいろいろと手を染めていく。

雷門ビルの「地下鉄食堂」の盛況に気をよくした早川は、次なる副業の構想をねっていた。『東京地下鉄道史 乾』には、「我が地下鉄道は市内枢要の地点に停車場を設け、出入口をつけるのであるから、そこに商店を建設して連鎖的に経営すれば必ず電鉄事業の副業として最も有利なものとなる」という早川の述懐が収録されている。

その通りに昭和五年四月には、地下鉄上野駅構内の地下中二階に東京地下鉄道直営「地下鉄ストア」を開店、食料品や日用雑貨の安売りをはじめる。で、これがまた予想以上に大当たりした。そこで、昭和六年一二月には鉄道省線（国有鉄道）上野駅正面に地上九階、地下二階のビルを建て、装いも新たに「上野地下鉄ストア」として大々的にオープンさせた。店のモットーは「どこよりも良い品を、どこよ

り も安く売る」であった。幹部社員をアメリカに派遣して、本場のデパートやスーパーを視察させるまでした早川のやる気には、さすがの大先輩、阪急・小林一三も心を動かされたらしく、自ら従業員の養成役をかって出たという。

早川の副業戦略、次の一手は、地下鉄の各駅にストアのチェーン店を設けるというものであった。その第一弾が、昭和七年に地下鉄神田駅最寄りで店開きした「須田町地下鉄ストア」である。そして、改札口とストア側出入口を結ぶ地下道にも、せっかくのスペースを遊ばせておくのはもったいないと、「地下道市場」なる地下商店街を作るのであった。〝地下街の草分け〟ともいえる存在で、この地下道市場は当初、一〇銭均一を目玉にしていたため、〝一〇銭ストア〟などとも呼ばれたらしい。

上野地下鉄ストア

百貨店との提携

東京地下鉄道直営の地下鉄ストアも、その後、室町、日本橋、銀座、新橋に設けられていく。むろん、かかるチェーン店展開は、地下鉄路線自体の延伸が絡むもので、その本業のほうを見ていくと、昭和七

（一九三二）年四月に神田～三越前間、同年一二月に三越前～京橋間、昭和九年三月に京橋～銀座間が開業している。そして昭和九年の六月には、銀座～新橋間の開業を果たした。これで、早川が当初目論んでいた区間、浅草～新橋間八・〇キロのすべてが完成したわけだ。

　途中の三越前の駅は、大正一五（一九二六）年に三越百貨店が日本橋本店に併設した駅の設置を東京地下鉄道に要請、交渉の結果、駅の建設費用を全額三越側が負担する見返りとして、駅名を「三越前」とすることで手が打たれた産物である。似たような事例としては、上野～万世橋（仮駅）間延伸の際に開業した上野広小路駅があげられよう。こちらは松坂屋上野店に併設された駅で、その建設費の大半を松坂屋が負担している。駅名の表記が「上野広小路（松坂屋前）」とされる所以である。

東京地下鉄道・三越前駅

　これら百貨店との連携は、早川の事業展開の中でも特筆すべき点で、このほかにも、日本橋駅は高島屋と白木屋が、銀座駅は三越百貨店と松屋が協力して建設している。

　また、昭和七年一二月の三越前～京橋間延伸に伴う日本橋駅開業の際には、地下鉄沿線の松坂屋、三越百貨店、高島屋、白木屋と連携して、「デパート巡り乗車券」まで発売した。上野広小路～日本橋間が、一枚一三銭で三回途中下車可能という代物である。通常の大人普通乗車券では、上野広小路～日本橋間は一〇銭で下車前途無効だから、まあ、大盤振る舞いの企画乗車券といえようか。東京地下鉄道も、なかなかにして庶民の心をつかむのがうまい。

借金に苦しみつつも事業拡大

さて、よいことずくめの地下鉄のようだが、実のところ、その路線延伸の過程では、早川の資金繰りの苦労は並大抵のものではなかったという。浅草～上野間の開業時などは、乗客が殺到したのは確かなのだが、ものめずらしさの人気が去れば、夜間など一両に一人も乗っていない日が続くなどしていたらしい。売上も頭打ちとなろう。事態打開のためには、一刻も早い路線の延伸が必要となったわけだが、それには莫大な資金が必要であった。またしても『東京地下鉄道史 乾』の早川の述懐を引用する。

昭和六年の暮れには金融の解決がつかず、大晦日まで東奔西走して、ようやく午後になって解決した。それから歳末旅行に熱海に出掛けたが、汽車に乗ると一時に疲れが出て睡魔に襲われ東京駅を出てから国府津の先まで、知らずに眠ってしまったことがあった。この大晦日に金融の解決がついて急場を乗り切るまでは、何日間というもの夜もおちおち眠れなかったのだから、汽車のなかでも前後正体もなく眠ってしまった。このときほんとうに世の中で借金ほど恐ろしいものはないと、しみじみ思ったけれども、日本興業銀行に三井信託などなど、地下鉄の有用性と将来性を強く認識する有力金融機関が数多く現れて積極的なる融資を行い、早期に新橋延伸は実現する。なによりである。

で、その後だが、新たな収益源の確保のため、早川はバス事業への進出を画策する。そして、東京地下鉄道の大株主である大日本電力専務の穴水熊雄（三五万株、総株数の三五パーセント強を所有）の力添えもあって、地下鉄とは一部路線でライバル関係にあった東京市内最大のバス会社、〝青バス〟こと東京乗合自動車の株式大量取得に成功、筆頭株主となったうえで、昭和一〇（一九三五）年四月、早川が同社の社長に就任する（穴水と早川は旧制甲府中学校時代からの友人であった。なお、穴水は昭和一二年から一九年まで京王電気軌道〔現・京王電鉄〕の社長を務めたことでも知られる人物である）。

同年一二月には西武鉄道（旧）より新宿～荻窪間の軌道線および中野～荻窪間のバス路線の経営を東京乗合自動車が受託して、経営基盤をさらに強化。次いで、昭和一一年四月、東京乗合自動車は城東電気軌道を吸収合併（城東軌道線は東京乗合自動車が運営）、昭和一二年四月には葛飾乗合自動車の経営権も獲得し、同年一二月、ついに東京地下鉄道と東京乗合自動車は合併する。

結果、東京地下鉄道は、浅草～新橋間の地下鉄路線に加え、東京市内全域の路線バス、遊覧バス、西武軌道線（荻窪線）、城東軌道線を運営する巨大事業体へと拡大躍進を果たしたのであった。まずは、めでたしである。

6　五島慶太と東京高速鉄道

鉄道院官僚から私鉄経営へ

ようやく事業も軌道に乗りはじめて、これまでの苦労が報われるかに思えた早川だが、結末を先に申し述べれば、昭和一五（一九四〇）年八月、早川徳次は東京地下鉄道株式会社を追われる。浅草～上野間に東洋初の地下鉄を開業させてから、わずか一三年後の出来事であった。それはすなわち、宿敵、五島慶太に完敗したことを意味する。

ここで、その五島の経歴についても簡単にふれておこう。

五島慶太

明治一五（一八八二）年四月一八日、長野県小県郡殿戸村の農家小林家の次男として生まれた慶太は、旧制中学校を卒業後、小学校の代用教員をしつつ上京を準備、明治三五年には東京高等師範学校に入学する。明治三九年、同校英語部を卒業後は、三重県立四日市商業学校の英語教員となるが、一年半で辞職、明治四〇年に東京帝国大学撰科へと入学した。まもなく旧制第一高等学校の卒業検定試験に合格し、本科へと進む。

外務大臣・加藤高明家の書生をしながら東京帝国大学法科を卒業した小林慶太は、明治四四年、農商務省に就職する。二九歳のときであり、官僚としてはいささか出遅れの感は否めない。三〇歳で女子学習院一の才媛とうたわれた久米万千代（皇居二重橋を手がけた土木工学者・久米民之介の長女）と結婚。そして、妻の実家の要望を受け、血統が絶えていた旧家・五島家の夫婦養子となり、五島慶太を名乗る。

その後、五島は大正二（一九一三）年に農商務省から鉄道院へと移り、そこの監督局総務課長時代に、路線をなかなか開業できないでいた武蔵電気鉄道から誘いがかかって、先述のように退官して同社の常務取締役に就任する。大正九年五月のことであり、五島はかねてより役人生活は一生を託する仕事ではないと感じていたようだ。これもすでにふれたことだが、大正一一年には、小林一三の推挙によって田園都市会社電鉄事業部門の経営一切を任されるようになり、これを目黒蒲田電鉄として独立させ、同電鉄の専務取締役にもなった。

買収に次ぐ買収

目黒蒲田電鉄（現・東京急行電鉄目黒線、東急多摩川線、大井町線を建設）の業績が、沿線人口の増加などから好調に推移しだすと、五島は、武蔵電気鉄道の買収に乗りだし、同社を傘下に収めることに成功する。武蔵電気鉄道は社名を東京横浜電鉄に改め、経営陣もすべて田園都市会社・目黒蒲田電鉄系の人材とした。さらに目黒蒲田電鉄は、親会社である田園都市会社をも吸収、不動産事業を電鉄の副業と位置付け、五島は総責任者の地位にのぼり詰める（昭和一一〔一九三六〕年、目黒蒲田電鉄と東京横浜電鉄両社の社長に就任）。

以降、五島は目黒蒲田電鉄・東京横浜電鉄を足がかりにして今の東京急行電鉄を立ち上げ、東都電鉄会の覇者の地位を築くことになるのだが、その経営手法は、元官僚とは思えぬほどに荒っぽいものであった。人は五島を〝強盗慶太〟とあだ名し、そして自らも「白昼札ビラを切って堂々と強盗を働く」と豪語する〝大乗っ取り王〟だったのである。

五島は、目黒蒲田電鉄のテリトリー内をちょこまかする池上電気鉄道（現・東京急行電鉄池上線）がどうしても気にいらなかったらしく、まず、その株を買いあさった。そして、池上電気鉄道の支配権を握り代表取締役に就任すると、目黒蒲田電鉄に同社を吸収合併させた（昭和九年）。

次いで、玉川電気鉄道（渋谷〜二子玉川間を走っていた路面電車〔軌道線〕で、現在の東京急行電鉄世田谷線はその支線）の支配権を握り、これをもうひとつの砦である東京横浜電鉄（現・東京急行電鉄東横線を建設）に合併した（昭和一三年）。続いて、目黒蒲田電鉄と東京横浜電鉄を統合し東京横浜電鉄（新）を発足（昭和一四年）。結果、東海道本線以西の東京城南地区の私鉄は、ほぼ五島の手中に収まったという次第。

東京高速鉄道の設立

で、五島が池上電気鉄道や玉川電気鉄道に触手を伸ばしていたころのこと、東京市営地下鉄の代行建設をねらう門野重九郎らの東京高速鉄道（新）は、路線免許を持ちながらも、なかなか着工できないでいた東京市に対して、執拗な食いさがりをみせていた。そして、昭和六（一九三一）年一一月、東京市長永田秀次郎から、将来は東京地下鉄道と合併することを条件に、渋谷〜新橋〜東京駅間、新宿（淀橋）

〜築地間、四谷見附〜赤坂見附間三路線の免許を譲り受けるのであった。

東京市が市営地下鉄を断念したのは、時の浜口内閣の地方財政整理緊縮方針から起債認可申請が昭和四年八月、翌五年九月と再度にわたって却下されたことに加え、元来、市電防衛のために地下鉄市営方針を打ち出したにもかかわらず、市電の経営は悪化の一途をたどっており、たとえ地下鉄を建設しても、市電ともども収支が合わなくなる懸念が増大したためである。

まあ、それはともかく、東京市が鉄道大臣あてに、東京高速鉄道への免許譲渡許可を申請したところ、昭和八年九月三〇日までに東京高速鉄道が会社を設立する、という条件を付して許可するとの指令が出される。けれども、東京高速鉄道側も、資金の調達にはだいぶ苦労しており、期限内の会社設立が難しくなってきた。そこで、設立期限の昭和九年九月三〇日まで一ヵ年延長を申請、契約違反との指摘があるなか、なんとかこれが認められる。

この過程において、東京高速鉄道の関係者は、五島慶太に経営参加と資金援助を要請した。五島にしてみれば、かなり旨味のある話であったろう。なにしろ、牙城である渋谷（東京横浜電鉄のターミナル）と都心をダイレクトに結ぶ路線が手に入るのだから。『東京急行電鉄五〇年史』は、その経緯を次のように記述する。

会社設立が思うように進まなかったため、門野重九郎は、第一生命社長矢野恒太に助力を求めたところ、矢野恒太は、「東京横浜電鉄専務五島慶太がこれに参加し、計画が完成できるという見通しがたつなら助力してもよい」という意向を示した。このときから、五島慶太が東京高速鉄道の建設・経営に参画することとなったのである。五島慶太は、武蔵電気鉄道時代から都心乗入れに腐心していたし、ことに、本業である目黒蒲田電鉄ならびに東京横浜電鉄が、渋谷を拠点としてようやく発展の軌道に乗りつつあったので、この機会に東京高速鉄道によって都心乗入れを果たそうとした。そして、金融関係・近郊私鉄各社を精力的に説得して資本調整を図り、三井、三菱、住友の財閥系資本をはじめ当時の大手金融機関、近郊私鉄各社の協力を得たのであった。

昭和九年九月五日、東京高速鉄道株式会社が正式に設立された。創立時の資本金は三〇〇〇万円で、社長は門野重九郎（大倉組副頭取）、専務は脇道誉（大倉商事専務）となり、五島は常務に就任する。門野も脇も鉄道経営にはまったくの素人、したがって、五島が事実上の総責任者である。

そして、将来の合併が予定される東京地下鉄道側からも同社の社長であり、また東武鉄道社長でもある根津嘉一郎が、取締役として参加した。ただ、東京地下鉄道の専務であって、事実上の責任者ともいえる早川徳次には、まったくお声がかからなかった。すでにこの段階で、東京地下鉄道側と東京高速鉄道側の関係は円満を欠き、対立意識が芽生えていたからである。

おそらくは意図的だと思われる、かかる早川外しが、のちにおこる惨劇の火種となったといっても言い過ぎにはならないだろう。なお、東京高速鉄道の監査役には、小林一三の名も見られる。

7　東京地下鉄道と東京高速鉄道の対立

早川による認可阻止運動

東京高速鉄道は、東京地下鉄道との相互直通運転を前提に、渋谷〜虎ノ門〜新橋間の路線建設を計画し、昭和一〇（一九三五）年二月、鉄道省に工事施行認可申請書を提出するが、これに早川が横槍を入れ、認可阻止運動を展開した。

昭和九年六月に新橋延長をはたした東京地下鉄道は、すでに新橋〜虎ノ門〜品川間の延長を画策していたのである。免許も品川まで取得済であった。交通量調査でも、品川方向の交通量の多さは歴然としており、一方の渋谷は、昭和七年に東京府豊多摩郡から東京市に編入されたばかりの場末と田舎が混じり合ったような地であった。そんなところに乗り入れても旨味はないと思ったのだろう。早川は五島に対し、新橋〜虎ノ門間は東京地下鉄道が建設すべき路線であり、東京高速鉄道は渋谷〜虎ノ門〜東京駅間とせよと迫った。

けれども、五島もさるもので、早川のそんな言葉にはいっさい耳を貸さず、旧知の友も多い鉄道省に手をまわして、昭和一〇年九月には認可を得、同年一〇月、渋谷〜新橋間の建設工事に着手してしまうのである。

対する早川徳次も、これは負けてはおれぬと、資金不足で暗礁に乗り上げていた新橋～品川間の延長を、品川を起点に横浜方面に路線を延ばす京浜電気鉄道（現・京浜急行電鉄）と手を組むことによって実現させようとした。東京地下鉄道は、京浜電気鉄道と合弁で京浜地下鉄道を設立（代表取締役は根津嘉一郎で、早川が専務）、これに新橋～品川間の地下鉄免許を譲って建設させ、完成のあかつきには、東京地下鉄道、京浜地下鉄道、京浜電気鉄道、湘南電気鉄道（現在の日ノ出町以南の京浜急行線）を通す浅草～浦賀間の直通運転も約束された。さらには、四社の合併話まで出るようになった。

五島慶太、激怒す

この共同反旗には、さすがの五島慶太も激怒し、これはもう東京地下鉄道を乗っ取る以外に道は無いと心に決めたようだ。五島の経営哲学は、

「目障りな他人は一緒にして同族にしてしまう」

であった。乗っ取りについては、すでに池上電気鉄道、玉川電気鉄道相手に成功をおさめている。

昭和一三（一九三八）年一一月、帝都における二番目の地下鉄、東京高速鉄道の青山六丁目～虎ノ門間四・四キロがめでたくも開業する。続いて、同年一二月には渋谷～青山六丁目間一・一キロが開業、間髪入れずに翌昭和一四年一月に虎ノ門～新橋間〇・八キロも完成、ついに東京高速鉄道は渋谷～新橋間の全線六・三キロが開通するのであった。

ただ、目論んでいた東京地下鉄道との直通運転は、早川の強固な抵抗のせいで、この段階ではとうと

図6　昭和14年当時の東京地下鉄道・東京高速鉄道 路線図

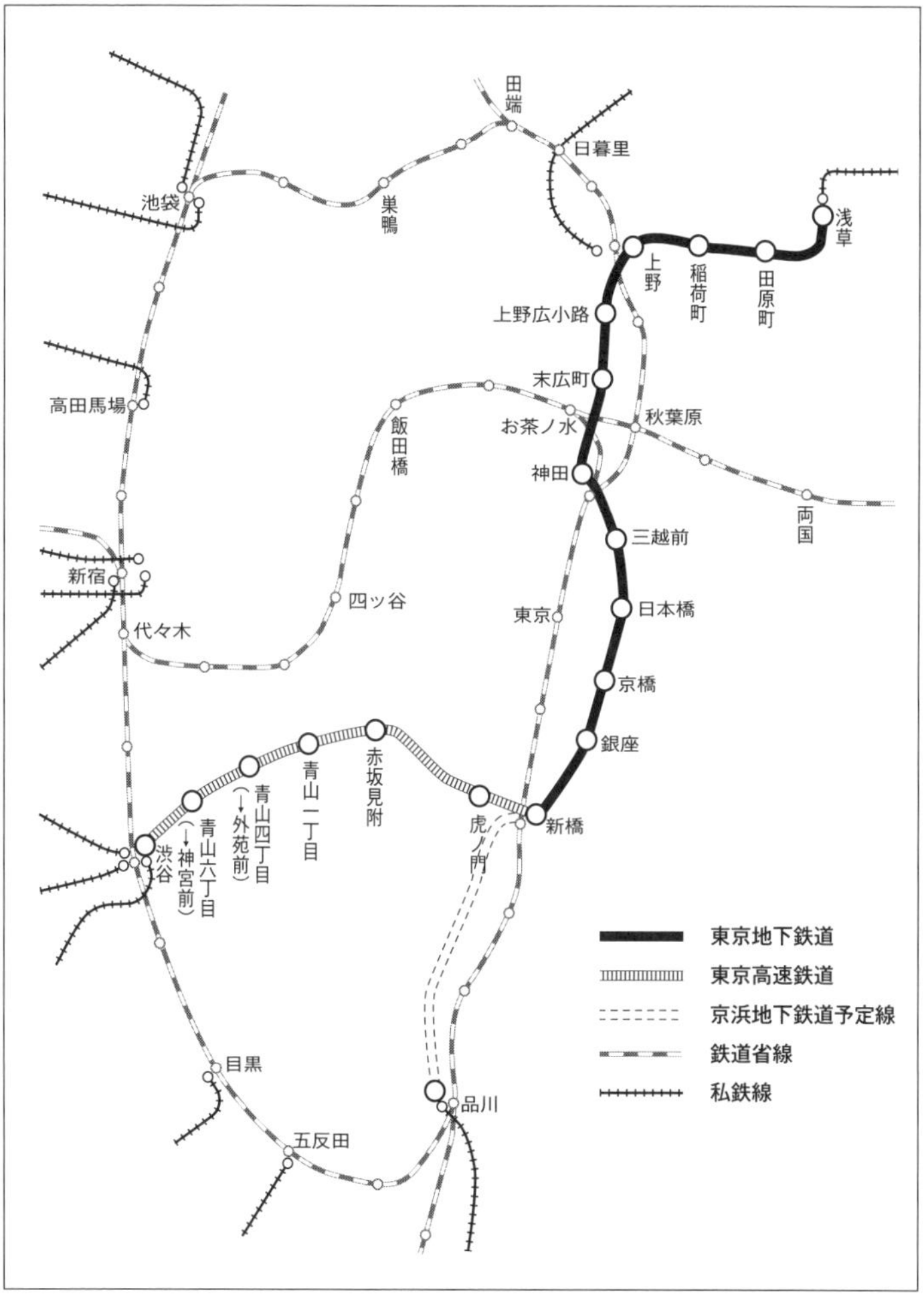

う実現は見なかった（直通運転には東京地下鉄道の新橋駅終端にある境界壁を撤去する必要があったが、東京地下鉄道側はなかなかそれを行おうとはせず、新橋駅で東京高速鉄道と自社のホームを並べ、乗客を乗り換えさせるべきと主張した）。

仕方がないので、東京高速鉄道は、暫定措置として別に新橋駅を作っている（東京高速鉄道が作った新橋駅は、銀座線新橋駅の西側に現存し、線路は車両の留置線、ホーム部は会議室や倉庫などに活用されているという）。かかる無駄な出費をさせられたことにも、五島は実に面白くなかったに違いない。五島は、ケチなことでも有名である。

この直通問題をめぐる早川と五島の対立をなんとか治めようと尽力したのが、ほかでもない根津嘉一郎と小林一三である。根津は、東京地下鉄道の社長であると同時に東京高速鉄道の取締役でもあったから、立場上、介入せざるを得なかった面もあるが、小林のほうは、いくら両者との関係が深かったとはいっても、とんだとばっちりではなかっただろうか。

小林と早川の関係は、すでに述べた通りだが、五島との関係においても相当なものがあった。小林は、目黒蒲田電鉄・東京横浜電鉄の取締役にも名を連ねている通り、五島の経営指南役ともいえる存在で、

東横百貨店

五島が渋谷に東横百貨店をオープンする前には、若手社員を梅田阪急百貨店に呼び寄せ、〝小林商法〟を伝授したりもしている。

根津、小林の〝まずは乗客の利便を第一に考えるべし〟との説得から、一応、昭和一〇年五月には、東京地下鉄道と東京高速鉄道との間で相互直通運転に関する協定が結ばれていたのだが、結局、早川は、これを完全に無視してしまっていた。両社の相互直通運転では二分間隔で列車を走らせることとしていたが、それでは将来、品川方面に路線が延びた際、京浜地下鉄道の列車を走らせる余地が無い。早川が乗り気でないのも頷ける。

五島慶太の反撃

さて、ここからが〝強盗慶太〟の本領発揮ともいえる反撃談である。

五島はまず、東京地下鉄道の提携先である京浜電気鉄道に照準を定め、得意の株買い漁りによって支配権を握り、昭和一四（一九三九）年三月、これを完膚なきまでに制圧した（東京高速鉄道は京浜電気鉄道株式の過半数にあたる約一五万株を所有し、六月には五島が専務として乗り込む。そして、京浜電気鉄道の系列である湘南電気鉄道も同様の経過をたどった）。

この買収に関して、五島には論理があった。「陸上交通事業調整法が制定された今日においては、東京地下鉄道、京浜地下鉄道、京浜電気鉄道、湘南電気鉄道に自社を加えて、自らの手で交通調整を実現することが筋である」とし、まずは京浜電気鉄道の株式を買収したというわけである。

早川は将来的に四社を合併する腹づもりで、すぐには手を付けなかったことが、五島に論理で攻められる隙をあたえてしまったといえる。

なお、昭和一三年四月公布の「陸上交通事業調整法」は、交通機関の乱立と相互の自由競争が公衆の利益増進を妨げ、かつ企業の経営を圧迫するという観点のもとに、資本主義経済に現れる弊害を修正除去することを目的として、鉄道・バス事業の統合を法制化したものであった。

京浜電気鉄道を支配下において外堀を埋めた五島はいよいよ、本丸、東京地下鉄道へと照準を定める。前にもふれたが東京地下鉄道の大株主は大日本電力専務の穴水熊雄で、その持株を早川や根津もほしがっていた。さらに、当時は、東京市もそれをねらい、あろうことか穴水は東京市に譲り渡すことをほぼ決めていたという。これに五島が眼を付け、「官吏の非能率さは事業の採算という点で問題がある。私たち民間がやらねばならない仕事だ、これが唯一の成功の道である。君の持株を東京高速鉄道に譲るのが、それを実現する方法である」という強引かつ乱暴な論法で、穴水を口説いた。

『東京急行電鉄五〇年史』は、次のように紳士的に記述する。

当時、東京市は東京地下鉄道を買収しようという意向をもっており、市長頼母木桂吉が、市内の交通統制を市有市営によって実行しようとして、東京地下鉄道の株式買収を画策したのであった。そして、同社（東京地下鉄道）の将来の経営に不安を抱いていた大日本電力専務穴水熊雄は、その所有株式三五万株（総株数の三五パーセント強）を東京市に譲渡することについて、ほぼ承諾を与えていた。この情報に接した五島慶太は、陸上交通機関の市有市営について、①東京市はすでに市電の経営において失敗している、②買収価格が不当に安くなる、③すでに四社合併の契約がある、④陸上交通事業調整委員会が組織されているが、東京地下鉄道が東京市の所有に帰せば、調整案を討議する必要がなくなる、との四つの理由をあげて反対し、持株を東京高速鉄道に譲渡してくれるよう、再三にわたって穴水熊雄に依頼した。その結果、昭和一四年八月一日、穴水熊雄と東京高速鉄道の間に譲渡契約が成立した。このことは、穴水熊雄所有株式をかねてから買収したいと考えていた東京地下鉄道、とくに早川徳次を驚かせた。しかも東京地下鉄道では、社長根津嘉一郎が南米方面に旅行中のため、重役間の融和を欠いていた時期であった。

いずれにしても、以上のごとくに五島は穴水熊雄から同社株式三五万株を譲り受け、東京高速鉄道は東京地下鉄道に合併話を持ちかける。もちろん早川に対しては、経営権の委譲を執拗に迫った。この一連の動きを察知した当時の新聞・雑誌は、「強盗慶太またも乗っ取り！」と書きたてたという。にわかに五島色が強まった東京地下鉄道だが、そうなる前にすったもんだの末、根津嘉一郎の妥協案で五島も納得、早川も折れてなんとか合意した東京高速鉄道と東京地下鉄道の直通運転も、実にちょうどのタイミングで昭和一四年九月一六日には新橋駅構内で両社の線路がつながり、待望の浅草〜渋谷間直通列車が走りはじめた。東京高速鉄道が作った新橋駅は、この時点で廃止となり、わずか八ヵ月という、はかない命を閉じるのであった。

五島に外堀を埋め尽くされたうえに、本丸にまで火の手がおよんできた早川勢だが、それでも必死で、これを払いのけようとした。早川と苦楽をともにしてきた東京地下鉄道社員らも、団結して乗っ取り反対に立ち上がり、レールを枕に討ち死に覚悟のストライキも辞さない構えをとった。

監督官庁である鉄道省にも夜討ち、朝がけの陳情が繰り返された。ただ、省の幹部の一部は、陳情の相手が大先輩の五島であることがわかると、上申書を突き返しもしたらしい。かかる騒然とした東京地下鉄道側の動きは、世を乱す不穏な動きともとられたようで、特高警察の尾行があとをたたなかったという。

昭和一五年一月四日、早川にとっては足下をすくわれるかのような不幸な出来事がおこった。かの〝鉄道王〟こと根津嘉一郎の死である。享年八〇歳であった。これで、早川と五島の間をしきる防波堤は、完全に消えてなくなった。

8 紛争の結末

見るに見かねて鉄道省が介入

根津の死後、早川が東京地下鉄道の社長に就任するが、すでに株式の多くが五島に抑えられていたので、劣勢は否めなかった。

五島勢は、いよいよ決着をつけるときが来たとばかりに、昭和一五（一九四〇）年三月一四日に、日比谷の帝国ホテルにおいて株主総会開催を決めた。対する早川勢も、先手必勝をねらい、三月九日に上野精養軒で株主総会を開こうとした。双方入り乱れての株主獲得戦は、東京地下鉄道株価の高騰に次ぐ高騰を招き社会は混乱、騒動の拡大は、ついに監督官庁である鉄道省も黙認できないところにまできた。

東京地下鉄道の株主総会が、かように両分して開催されるのは、交通機関の公共性からみても問題大であり、鉄道省は昭和一五年三月七日、双方に対し、株主総会を中止することと、紛争の解決は鉄道省が公平に当たること、その調停には従うこと、などを勧告したのであった。

ところが五島は、それでもなお乗っ取りを強行しようとした。自分の息のかかった東京地下鉄道役員に合併決議をさせようとはかったのである。このお上をお上とも思わぬ五島の態度に、さすがの鉄道省も堪忍袋の緒が切れて、鉄道課長の佐藤栄作（のちの第六一～六三代内閣総理大臣）が単身会社に乗り込み、徹夜で会議の様を監視するといった緊迫の事態となった。会議は結局、流会した。お上にここまでされたのでは、さすがの〝強盗〟も少しはおとなしくしていなければなるまい。

鉄道省は今回の調停を、公平な民間の権威者に依頼することが適当と考え、八田嘉明（東京商工会議所会頭）、宝来市松（日本興業銀行総裁）、利光鶴松（小田原急行鉄道社長）の三名に仲裁人を依頼する。で、右の仲裁人らが慎重に検討した結果、早川徳次は東京地下鉄道から身を引き、五島慶太も東京高速鉄道から身を引く、そして東京高速鉄道の東京地下鉄道への経営参加は認めるものの、株主議決権は棚上げとする、といった趣旨の調停書を東京地下鉄道と東京高速鉄道の両社に示すことになる。昭和一五年七月一七日であった。

この調停は八月一三日に成立して、喧嘩両成敗ということで早川は東京地下鉄道の相談役に退き、五島も東京高速鉄道のヒラ取締役に格下げとなった。だが、形は一応〝喧嘩両成敗〟でも、明らかに早川の負けである。〝相談役〟などといった役職は形だけのもので、なんの権限もないところに、東京高速鉄道から多数の役員が東京地下鉄道に乗り込んできた。さらに、五島はちゃっかりと東京高速鉄道の取締役として残っているではないか。

東京地下鉄道の新役員は、社長が中島久万吉（元池上電気鉄道社長）、専務が田中百畝（京浜電気鉄道常務）、常務が高木謙吉（東京地下鉄道取締役）で、このほか取締役に脇道誉（東京高速鉄道専務）、監査役に小林清雄（東京横浜電鉄支配人）といった面々が名を連ねている。なるほど五島色が強そうで、これを見ても早川の明らかなる敗北であろう。

帝都高速度交通営団の誕生

翌昭和一六（一九四一）年七月、交通調整がらみの国策により半官半民の「帝都高速度交通営団」が誕生する（現在の東京地下鉄㈱〔東京メトロ〕の前身となる企業体）。

帝都高速度交通営団は、東京地下鉄道、東京高速鉄道の路線継承と、東京市が免許保有する地下鉄計画路線の建設を目的として設立されたものである。資本金は六〇〇〇万円で、うち四〇〇〇万円は大日本帝国政府が出資、残り二〇〇〇万円を東京市と東京横浜電鉄（現・東京急行電鉄）、東武鉄道、京成電気軌道（現・京成電鉄）、京浜電気鉄道（現・京浜急行電鉄）、小田原急行鉄道（現・小田急電鉄）、京王電気軌道（現・京王電鉄）、武蔵野鉄道（現・西武鉄道）といった私鉄各社が出資した（戦後、GHQ〔連合国軍総司令部〕の意向その他から、これら東都私鉄各社の出資分はすべて排除され、運輸省鉄道総局の現業部門を公共企業体として分離独立させた「日本国有鉄道」と東京都のみが出資者として残る。なお、昭和六二年の国鉄改革の際、日本国有鉄道の出資分は日本国政府に引き継がれた）。

この新たなる地下鉄運営体、帝都高速度交通営団にも五島は理事に名を連ねたが、早川が地下鉄に復帰することは、二度と無かった。

昭和一五年一二月に東京地下鉄道の相談役をも退任した早川徳次は、かねてより興味をいだいていた青年教育を推進すべく、故郷において修行場の建設を開始していたのだが、昭和一七年一一月二九日、狭心症に倒れ、波乱に満ちた六一年間の生涯を閉じるのであった。

9 それからの五島慶太

運輸逓信大臣に上りつめるも

かたや五島慶太の飛ぶ鳥を落とす勢いはとどまるところを知らず、早川が没した昭和一七（一九四二）

年には、本陣である東京横浜電鉄が小田急電鉄（昭和一五年に帝都電鉄を合併した小田原急行鉄道が昭和一六年に改名）、京浜電気鉄道（昭和一六年に湘南電気鉄道を合併済）を吸収、東京急行電鉄として新装スタートを切ることになった。さらに二年後の昭和一九年には、京王電気軌道も東京急行電鉄と合併、これで東京西南部の私鉄のほとんどが五島の手中に収まった。〝大東急〟王国の誕生である。

驚くのはまだである。同年、五島は、東条内閣の運輸通信大臣にまでのぼり詰めるのであった（昭和一八年一一月、鉄道省は運輸通信省となり、さらに昭和二〇年五月には運輸省と名を変える）。いやはや、五島の強運はすさまじい。このとき佐藤栄作は、本省から大阪鉄道局に移動するのだが、これは五島のあからさまな報復人事といわれている。

ただ、五島の運の強さもこのあたりが頂点なのか、敗戦後は、東条内閣の閣僚であったことを理由に、GHQから公職追放処分を受けてしまう。そして、五島が休職中の昭和二三年には、独占禁止法に接触することを恐れて、東京急行電鉄より京浜急行電鉄、小田急電鉄、京王帝都電鉄（現・京王電鉄）を分離独立させることとなった。

多角化戦略の推進

さて、余談ながら戦後の五島慶太のご活躍についても、少し見ていこう。昭和二六（一九五一）年八月には東京急行電鉄に戻り、会長職に就任する。

「大東急」解体後の東京急行電鉄（東急）は、積極的な多角化戦略を展開していく。まずは車両とタイヤ製造に進出、次いで自動車メーカーまでも傘下に収めてしまった。不動産、建設、映画などの事業展開にも、別会社を設立して力を入れた。

昭和三〇年ごろからは、地方の私鉄・バスの買収やホテル建設などを足がかりに、自社テリトリー以外の地における観光開発にも進出。同時に、肥料、石油、金融、航空、広告などの分野へも参入していった。この多角化を推進したのが、晩年の五島慶太である。老いてもなお、旺盛な事業欲は衰えなかったようだ。

地方私鉄・バスの買収では、〝強盗慶太〟の面目躍如といった面を多々見せた。とくに北海道でそれが顕著であった。

五島は、その事業活動の末期において、東急幹部の反対や制止には一切耳をかさず、北海道への進出に熱中した。北海道進出にあたり「金平糖の芯にする」といってねらったのが定山渓《じょうざんけい》鉄道（現・じょうてつ）である。

同社は北海道企業のなかでも有力な存在であった。当然、本州企業の系列に入ることを社長以下の重役はこぞって反対し、東急の乗っ取りに全社一丸となって抵抗する構えを見せた。激怒した五島は、「定鉄が東急の系列に入ることに応じないのならば、こちらは定鉄に並行する鉄道を新たに敷くまでのこと」と言い放ち、江別と定山渓温泉を結ぶ鉄道路線の新設計画を世に示すのであった。この計画は、札幌市内を地下線で通過することなどから莫大な出費が予想され、とても採算に乗るとは考えられなかった。要するに、定山渓鉄道に対する脅迫以外のなにものでもなかったのである。

五島の挑戦に恐れをなした定山渓鉄道の役員は、一人また一人と持株を東急に売り渡し、哀れかな定鉄株は、その多数が短期間のうちに東急に握り締められてしまった。東急は、昭和三二年九月までに定山渓鉄道の支配権を確保、同社はついに五島の軍門に下ってしまう。北海道では他に、函館バス、宗谷バス、北見バス、斜里バス、北紋バス、網走交通などが東急の傘下となった。

定山渓鉄道に続いて五島は、北海道最大手のバス会社である北海道中央バスもねらったようだが、こちらは北海道拓殖銀行をはじめとする地元経済界の強固な抵抗に遭い、失敗に終わっている。

まあ、いずれにしても、戦後においても〝強盗慶太〟ご健在なことはなによりであった。

番外戦

駿豆鉄道（西武）VS箱根登山鉄道（小田急）

I　バスの乗り入れ問題で一悶着

大手私鉄は、戦後、地方の観光開発に積極的に乗りだした。伊豆、箱根、軽井沢、北海道など観光資源の豊富な将来性の高い地域を選び、まず現地の私鉄やバスを系列化して足をおさえ、次いで宿泊施設、観光施設など、総合的な観光開発を進めるというのが、各社に共通する手筈であった。

東京急行電鉄による北海道の私鉄・バスの系列化が有名だが、西武鉄道、東武鉄道、京成電鉄、名古屋鉄道、近畿日本鉄道などもこれに追従した。当然、旨味のある地域では、縄張りをめぐって私鉄同士の衝突も起こっている。

ひところ「箱根山戦争」なるものが巷《ちまた》の話題をさらった。箱根を舞台に、小田急電鉄傘下の箱根登山鉄道と西武鉄道傘下の駿豆《すんず》鉄道（現・伊豆箱根鉄道）がぶつかり合った事件だが、これは観光開発をめぐる大手私鉄同士の衝突の代表例ともいえる抗争であった。当事者は、あくまで箱根登山鉄道、駿豆鉄道の両社だが、実態は小田急対西武の代理戦争であり、さらに小田急の背後には東急の五島慶太の影があった。

ここでは、その「箱根山戦争」について概観してみることにする。

駿豆鉄道、小田原に斬り込む

芦ノ湖を中心とする奥箱根一帯の観光開発は、大正後期以降、堤康次郎率いる箱根土地（のちのコクド。平成一八年にプリンスホテルに吸収）が別荘地分譲を主として着々と進めていた。堤康次郎は、ご存じの通り、西武鉄道グループと西武流通グループ（のちのセゾングループ）の創始者であり、土地開発から鉄道事業に進出した異色の私鉄経営者である。

堤による観光開発の結果、箱根土地傘下の駿豆鉄道は、熱海峠～箱根峠間の「十国《じっこく》線」、小湧谷～早雲山～大涌谷～湖尻間の「早雲山線」、湖尻～元箱根間の「湖畔線」といった有料の自動車専用道路、および芦ノ湖遊覧船などの交通網を握っていた。

一方、表箱根と呼ばれる小田原から強羅《ごうら》にかけての早川沿いの一帯は、日本電力傘下の箱根登山鉄道が開発を行っていた（小田原～箱根湯本～強羅間には箱根登山鉄道の鉄道線が存在する。ただ、箱根登山鉄道は道路建設には消極的であった）。この箱根登山鉄道は、昭和一七（一九四二）年に東京急行電鉄の系列となり、戦後の「大東急」解体時には小田急電鉄の傘下となる。

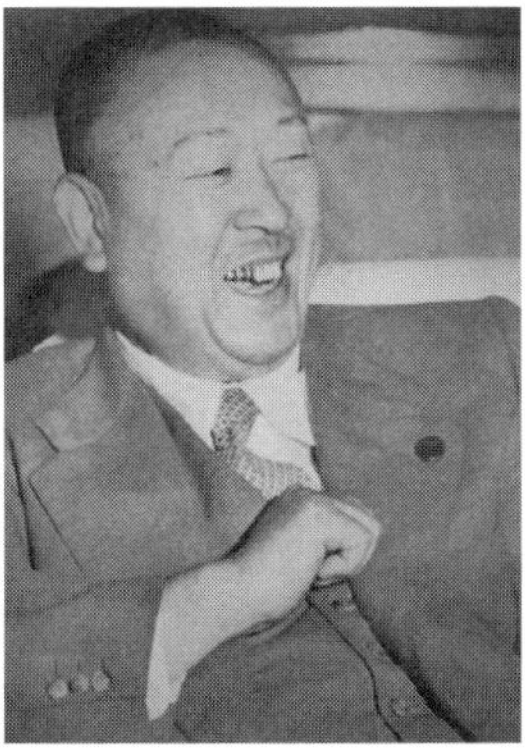
堤康次郎

箱根登山鉄道、駿豆鉄道の両社が分をわきまえていた戦前はよかったのだが、戦後、観光開発が本格化して、お互いが領土拡大に乗りだしたため、風雲急を告げる事態と化してしまった。

事の発端は駿豆鉄道によるバス路線の延長計画である。昭和二二（一九四七）年九月、駿豆鉄道はすでに免許を得ていた元箱根〜小湧谷間のバス路線を延長すべく、箱根登山鉄道の縄張りともいえる小湧谷〜小田原間の定期バス路線の免許申請を運輸省に対して行い、これはただちに物議を醸した。

小田原には箱根登山鉄道の本社もあって、まさに同社の本丸ともいえる地だ。さらには、小田原〜元箱根間のバス路線は箱根登山鉄道にとっては基幹路線である。当然、箱根登山鉄道が黙っているわけはなく、駿豆鉄道のバス路線免許申請に対して猛烈なる反対運動を展開した。けれども、戦前ならば定期バス路線は一路線一事業者が原則であったが、戦後は独占禁止法が公布されて、一社による独占は許されなくなっていた。ここに駿豆鉄道が食い込む余地があった。

かかる背景もあったからか、昭和二四年一二月、運輸省は小湧谷〜小田原間のバス路線免許を駿豆鉄道に与えてしまう。ただし、箱根登山鉄道の顔を立てる必要もあり、苦肉の策として、この駿豆鉄道バスの小田原乗り入れには、いくつかの条件を課した。その一つに、新規免許区間の大部分である宮ノ下〜小田原間は、無停車とするというものがあった。

これはかなり無理のある条件だといえる。無停車とする区間の途中のバス停で、どれだけ多くの人がバスを待っていたとしても、駿豆鉄道バスはそこを通り過ぎてしまうわけで、事情を知らない観光客などは、箱根のバスはなんたる無慈悲なのかと、観光地箱根全体の印象すら悪くしてしまおう。

まあ、ともあれ、昭和二五年三月二〇日、駿豆鉄道バスは小田原乗り入れを果たす。で、やはり苦情が出たのか、運輸省は小田原乗り入れに際して課していた途中無停車他の条件を、二年後の昭和二七年六月、すべて解除する。駿豆鉄道にしてみれば、してやったりであろう。

乗り入れ協定を結ぶも、くすぶる火種

駿豆鉄道バスの小田原乗り入れの代償ということなのだろうか、箱根登山鉄道は昭和二五年三月一三日、駿豆鉄道の経営する小湧谷～早雲山～大涌谷～湖尻間の自動車専用道路「早雲山線」に、自社定期バス路線の免許を申請した。

これに対して駿豆鉄道は「わが社の専用道路だから、わが社の承諾がなければ免許はできないはず」という理屈で猛反対する。しかるに〝わが社の専用道路〟とはいっても、駿豆鉄道が専用する道路ではなく、駿豆鉄道が経営する有料の自動車専用道路であって、道路運送法によれば一般自動車道なのである。

かかる特殊な一般自動車において、特定の会社のみに免許を与える限定免許が、はたして可能なのかどうか、運輸省はのちに法制局の見解を求めることになるのだが、とりあえず今の段階では、駿豆鉄道に小田原乗り入れの免許を与えた手前、箱根登山鉄道の申請もなんとかしてやる必要があった。

そこで運輸省が編み出した策は、駿豆鉄道と箱根登山鉄道の間に「乗り入れ運輸協定」を結ばせるという手である。この協定にもとづく「覚書」により、箱根登山鉄道は早雲山線に定期路線バスを乗り入れさせることとなった。

昭和二五年七月一日には、戦時中に休止していた強羅～早雲山間の箱根登山鉄道ケーブルカー（鋼索

線）が運転を再開、この日より右の協定は有効とされ、早雲山線経由の小涌谷〜湖尻間および早雲山〜湖尻間の箱根登山鉄道バスも運転をはじめる。ただ、駿豆鉄道バスの小田原乗り入れが正式な免許によるものなのに対し、箱根登山鉄道バスの駿豆鉄道自動車専用道路利用は、一年ごとの契約更新を条件とする運輸協定にすぎなかった。かような点が、箱根登山鉄道側にとっては、おもしろくなかったのも事実である。

運輸協定の第十条には、「本協定の有効期間は一か年とし、期間満了前、一か月前までに甲（駿豆鉄道）、乙（箱根登山鉄道）の一方より、何等の意思表示を為さない時は、更に一か年継続するものとし、その後はこの例に依る」と記されていた。これがのちに大きな災いのタネとなるのであった。

2 芦ノ湖の駿豆独占を破った箱根観光船

箱根観光船「乙女丸」推参

まあ、それはともかく、この昭和二五（一九四〇）年は、小田急電鉄・箱根登山鉄道の「親子」が、箱根観光に大いなる一歩を踏みだした年でもある。

先述の強羅〜早雲山間ケーブルカーの運行再開、小涌谷〜湖尻間、早雲山〜湖尻間のバス路線開設に加え、八月には箱根登山鉄道線小田原〜箱根湯本間への小田急電車の乗り入れも開始された。これにより小田急電車、登山電車、ケーブルカー、バスを乗り継いでの新宿から芦ノ湖北岸、湖尻までの輸送ルートが完成したわけである。

さらに同月一日、小田急傘下の箱根観光船なる会社（昭和二五年三月一〇日設立）が芦ノ湖に遊覧船「乙女丸」を就航させた。小田急グループは、ついに芦ノ湖の湖上交通にも進出したのである。箱根観光船誕生の経緯はこうである。

芦ノ湖の遊覧船を西武グループの駿豆鉄道が独占していた時代、旅客はその寄港地で箱根神社を擁する元箱根に集中したため、隣接する箱根町（旧箱根宿）は寂れる一方であった。というのは、駿豆鉄道の遊覧船航路は、元箱根〜箱根町〜湖尻間だが、戦争末期から戦後にかけては、ガソリン統制による燃料不足を理由に、箱根町に寄港しなくなっていたからである。もっとも、箱根町は関所の再建もまだで、観光面で魅力に乏しかったのも確かだ。対する元箱根村は堤康次郎の拠点でもあった。

思いつめた箱根町の町民は、「反堤」の狼煙《のろし》をあげ、同じ思いの仙石原村の有志らと共に新遊覧船会社の設立を計画する。この動きに目を付け、素早く資本参加したのが小田急グループだったというわけである。

もちろん、新遊覧船会社・箱根観光船の誕生に駿豆鉄道は猛反対した。そのため、箱根観光船は、関東海運局より海上運送法による免許を受けることが難しいと考えられた。そこで、海上運送法の適用外となる二〇トン未満の小型船による輸送が計画される。「乙女丸」は一九・九六トンであった。

ただ、いくら海上運送法の適用外とはいっても、当時はまだ燃料が統制されており、許可がなければ燃料の配給を受けることが叶わなかった。仕方がないので箱根観光船は、「海上運送法適用外航路事業」として営業申請を行う。これに対して関東海運局は、駿豆鉄道との間に営業協定を結ぶことを求めてきた。むろん、駿豆鉄道は当初、抵抗をみせたが、結局、安全協定として承諾することになる。

こうして、箱根観光船の箱根町〜湖尻桃源台間定期航路はなんとか開設にこぎ着け、昭和二五年八月一日、その第一号船である「乙女丸」が無事、就航したという次第。

桟橋をめぐる攻防

さて、この箱根観光船、いざ蓋を開けてみれば、利用客は今ひとつであった。なぜか。それは、駿豆鉄道の反対から元箱根に桟橋を設けられず、寄港が出来なかったためであろう。

そこで利用促進のため、箱根観光船も元箱根に寄港することを企てるが、やはり駿豆鉄道の反対にあう。それで新たに桟橋を作ることになるのだが、件《くだん》の「安全協定」により、駿豆鉄道の元箱根桟橋から一五〇メートルも離れた場所に設けなければならなかった。

困った箱根観光船は、関東海運局に現地指導を仰ぎ、その結果、両社の桟橋は一〇〇メートル以上離れていれば安全上問題なしという回答を得る。それに基づき、駿豆鉄道の元箱根桟橋から一〇〇メートルほど箱根神社側に寄った地点に箱根観光船の新桟橋を建設すべく、昭和二五年一二月、申請を神奈川県に対し行った。

神奈川県は翌二六年二月に、この申請を許可するのだが、元箱根村議会が箱根観光船の新桟橋建設反対を決議したため、厚生省への申請を一時見合わせざるを得なかった（新桟橋建設予定地は、富士箱根国立公園〔現・富士箱根伊豆国立公園〕内であり、建設には、当時、厚生大臣の許可が必要であった）。

が、箱根観光船としては、いつまでも待ってはいられなかった。書き入れ時となる夏までに何とか態勢を整えなければならない。しびれを切らした箱根観光船は、思い切った一手を打った。なんと、厚生省の許可をすっ飛ばして、勝手に桟橋工事を進め、同年五月一日には元箱根に船を寄港させてしまったのである。

駿豆鉄道の怒りは推して知るべしである。違法行為をしてまで商売の邪魔をされてはたまらない。驚いた神奈川県は、先に出した新桟橋建設の許可を急遽取り消し、箱根観光船に対して桟橋撤去を命じた。が、箱根観光船はこれに応じず、昭和二六年八月二日に神奈川県の手により、箱根観光船の桟橋は強制撤去とあいなった。

とはいえ、これで一件落着とはならない。神奈川県としても、由緒正しき観光地での争いは御免被りたい。そこで両社に対して共同桟橋の建設を持ちかけるのだが、堤康次郎は頑として首を縦に振らなかった。元箱根は、堤が箱根山に乗り込んで最初に築いた城である。そこに小田急グループの船が堂々と入ってくるなど、とても容認できなかったであろう。

3　〝ピストル堤〟こと堤康次郎

不動産開発から電鉄事業へ

ここで元箱根の桟橋の話は一時中断して、堤康次郎の略歴を一席。

康次郎は、明治二二（一八八九）年三月七日に滋賀県愛知《えち》郡八木荘村の農家の長男として生まれる。幼くして父と死別し、母とも生き別れて祖父に育てられた。高等小学校を出てから四年ほど農業に従事したが、その後、京都の速成用の中学に進み、一年で卒業する。上京して早稲田大学に学び、卒業後は、雑誌社の経営や真珠の養殖などさまざまな事業に手を染めるが、ことごとく失敗に終わった。

ところが、大正六（一九一七）年五月に設立した東京護謨《ゴム》が成功を収め、晴れて実業界に進出、当時、名演説で有名な政治家で早大教授でもある永井柳太郎の勧めで、長野県沓掛《くつかけ》（現在の中軽井沢）の別荘地開発を手がけ、これを機に不動産事業との関わりを深めていった。大正九年三月には、「箱根土地株式会社」を設立し、箱根の開発事業にも乗りだす。箱根土地は、当時、全国でも最大規模の土地会社であった。

箱根土地を牙城とした堤の開発事業は、おりからの土地ブームの波に乗って順調に推移し、東京の下落合周辺でも目白文化村なる住宅地の開発・分譲をはじめた。そして、関東大震災後の大正一三年からは、大泉、小平、国立においても大規模な学園都市の建設を手がけるようになった。

その傍らで、箱根芦ノ湖の遊覧船経営、軽井沢でのホテル建設、東京渋谷での「百軒店」（名店街）経営などを行い、箱根土地は次第に観光・ホテル・流通・レジャー産業の担い手へと発展していく。大正一二年には、箱根の開発にからんで駿豆鉄道の買収も行なっている。

堤が本格的に電鉄事業に参入するのは、昭和三年設立の多摩湖鉄道からである。多摩湖鉄道（現在の西武鉄道多摩湖線）は、小平などの学園都市建設に伴い、その足の確保から箱根土地が作った会社だが、すでに近辺には、武蔵野鉄道（現在の西武鉄道池袋線・豊島線・狭山線）、西武鉄道（旧。現在の西武鉄道新宿線・国分寺線・西武園線・多摩川線）といった大規模な鉄道が走っていたため、劣勢は否めなかった。とくに多摩湖への行楽客輸送では、山手線までの路線を持たない多摩湖鉄道は、他の二社に対してどうしても旗色が悪かった。そこで堤は、武蔵野鉄道の乗っ取りを企てる。

武蔵野鉄道、西武鉄道の買収

武蔵野鉄道は、昭和四（一九二九）年に起きた世界的大恐慌や電化工事、大株主である浅野セメントの意向で進めた飯能～吾野間の路線建設などがたたって多額の債務を抱え込み、事実上の破産状態となっていた。ねらうならば今である。

ただ、武蔵野鉄道の債権者には根津嘉一郎系の企業である富国徴兵保険が控えていた。根津は、東武鉄道東上本線の南側を走る武蔵野鉄道に興味を示していたと言われている。しかし、その後、武蔵野鉄道での内紛から役員が相次いで辞職した際、旧経営陣は根津のところに駆け込むが、根津は手を貸すのを躊躇《ちゅうちょ》した。その隙を突くかたちで箱根土地は武蔵野鉄道の支配権を手に入れる。堤康次郎は、右翼からピストルで脅迫された際に、それに臆せず、逆に相手を手なずけたところから〝ピストル堤〟と渾名《あだな》されたが、まさにその名の通りの早業であった。

以降、「与党」の箱根土地と「野党」の富国徴兵保険との対立が、武蔵野鉄道内でくすぶることになるのだが、やがて富国側が態度を軟化させ、一件落着となった。これについては、根津・堤のトップ会談が設けられたという話もある。会談後、堤は「根津さんは、私の事業を援助しようと約束された」と話していたらしいが、もしそうだとしたら、一徹者の根津嘉一郎を口説き落とすなど、堤康次郎とは、なかなかの人たらしである。

昭和一五年に武蔵野鉄道の社長に就任した堤の次なるターゲットは、もちろん、同社と路線が競合する西武鉄道（旧）であった。ところが、これもなかなかの難物であった。西武鉄道（旧）の株の多くが東武鉄道に握られていたのである。しかし堤は、東武系企業が大日本電力の穴水熊雄から西武鉄道（旧）の株を新たに入手した事実に目をつけ、これに断固異議を唱え、さらにさまざまな謀略を駆使して、東武グループの持株すべてを武蔵野鉄道に譲渡させることに成功する。昭和一七年末の話である。

東武側が堤に西武鉄道（旧）の株を譲った理由は、いまだ謎とされている。東武鉄道が自社のテリトリー内を走る総武鉄道の統合に気を取られていたこと、根津嘉一郎の死後に東武のリリーフ社長となった原邦造は元来保険屋で、根津ほど鉄道事業に執着が無かったこと、などがその理由といわれているが、真相は定かではない。

敗戦後間もない昭和二〇年九月、武蔵野鉄道と西武鉄道（旧）、そして堤が昭和一九年に設立した食糧増産（農場経営会社）の三社が合併し、西武農業鉄道が誕生する。新社名に「西武」の文字は残ったが、実体は武蔵野鉄道が存続会社であった。乗っ取られた側の名を新会社の社名に用いたのは、これから一緒に働いていかなければならない元西武鉄道の社員たちを、落胆させないための堤の配慮であったといわれている。ちなみに、西武農業鉄道は翌昭和二一年に西武鉄道と名を改めた。

4「乗り入れ運輸協定」破棄

桟橋問題、その後

閑話休題、元箱根の桟橋に話を戻す。堤康次郎が頑として首を縦に振らなかったため、駿豆鉄道と箱根観光船の共同桟橋建設の話は、とうとうご破算となってしまった。しかたがないので神奈川県は、駿豆鉄道桟橋の西側、賽《さい》の河原を埋め立てて、箱根観光船の新桟橋を建設することを認める。これにより箱根観光船は、昭和二八（一九五三）年六月一五日、晴れて正式に元箱根寄港を実現させた。

その直後の昭和二八年七月、海上運送法が一部改正となり、二〇トン未満の船でも同法が適用されることとなる。で、法改正前から営業している事業者に対しては、法の施行後六〇日以内に申請すれば許可されることとされ、箱根観光船も昭和二九年六月一二日に海上運送法による船舶運航の免許が得られた。まずはめでたしである。

駿豆鉄道、運輸省官僚を告訴

一方、このころ、丘の上の路線バスをめぐって、いくつかの訴訟が起こされている。

駿豆鉄道バスの小田原乗り入れに伴い課せられていた宮ノ下~小田原間無停車等の諸条件は、昭和二七（一九五二）年六月にすべて解除されたことは既述の通りである。運輸省はこの段階で、箱根登山鉄道に対し、早雲山線への「乗り入れ運輸協定」を正式な免許に切り替える方針を内示した。その結果、箱根登山鉄道は昭和二七年七月二一日、早雲山線における自社定期バス路線免許を再申請する。

これに対して駿豆鉄道は大反発、次々と訴訟を起こすだけでなく、昭和二八年九月には、運輸省事務次官・牛島辰弥、元運輸省自動車監理課長・磯崎勉、それに小田急電鉄社長と箱根登山鉄道社長の四人を相手取り、詐欺・職権乱用および道路運送法違反であるとして、東京地方検察庁に告訴までする。小田急電鉄や箱根登山鉄道を相手にするのはわかるが、官僚までを敵にまわすとはどういうことか。駿豆鉄道側の理屈は、小田急電鉄や箱根登山鉄道が官僚を抱き込んで、自社の専用道路を乗っ取ろうとする企みである、というものであった。これには運輸省も困惑したにちがいない。

お上に楯突くとはずいぶん思い切った行動に出たものだが、かかる行為がある程度は影響したのか、結局、箱根登山鉄道への免許は下りず、ずるずると時間だけが経過していった。なお、告訴の件はその後和解となる。

訴訟ごとはまだある。昭和二九年七月、駿豆鉄道は、ふたたび箱根登山鉄道バスを標的とする。「箱根登山鉄道は早雲山線でのバス運行回数を守らず、さらに箱根観光船の運航開始に伴って、箱根登山鉄道バスは駿豆鉄道の船が発着する湖尻を通過して、箱根観光船の発着場である湖尻桃源台まで運行したため損害をこうむった」とし、箱根登山鉄道を相手取って静岡地方裁判所沼津支部に賠償を求める訴訟も起こしている。この件は東京高等裁判所で駿豆鉄道が勝訴した。

雲行きがだんだんと怪しくなってきたが、「箱根山戦争」の開戦を決定づけたのは、箱根観光船の大型船導入であった。

箱根観光船「あしがら丸」就航

昭和二五（一九五〇）年に始まった朝鮮戦争による好景気から、箱根にも多くの団体客が押し寄せるようになる。それに備え駿豆鉄道は、昭和二六年に「はこね丸」（七〇・四二トン）、二七年に「あしのこ丸」（一二三・六九トン）、二八年に「十国丸」（一六八・六九トン）と、大型船を次々に芦ノ湖の航路に就航させていった。

対する箱根観光船としても、正式な免許を得たことだし、いつまでも小型船というわけにはいかなかろう。

そこで箱根観光船も昭和三〇年、同社初となる大型遊覧船「あしがら丸」（一二〇トン）の建造を関東海運局に申請し認められ、翌昭和三一年四月にはそれが就航する。

これに駿豆鉄道が怒りを爆発させた。実は、箱根観光船に海上運送法による船舶運航の正式な免許を与えた際、駿豆鉄道と箱根観光船とで大型船建造を競うことになるのではないかと危惧した関東海運局は、次の項目を明記した覚書を両社に提出させている。

①新船建造による船腹の増強には慎重を期すこと。
②新船建造を必要とする場合は、関東海運局の指導を仰ぐこと。

箱根観光船「あしがら丸」の建造に対して駿豆鉄道は、この覚書に違反するとして関東海運局に反対陳情をしたのだが受け入れられなかった。当然、駿豆鉄道は納得がいかない。そこで強行手段に出る。まず、関東海運局長を相手取って「あしがら丸の建造許可を取り消す」ことを求め、横浜地方裁判所に訴訟を起こした。そして、箱根観光船を擁する小田急グループの箱根登山鉄道に対しては、昭和三一年三月一〇日、早雲山線への「乗り入れ運輸協定」を破棄すると通告したのであった。

先述の通り、同運輸協定の第十条には「本協定の有効期間は一か年とし、期間満了前、一か月前までに甲（駿豆鉄道）、乙（箱根登山鉄道）の一方より、何等の意思表示を為さない時は、更に一か年継続するものとし、その後はこの例に依る」とある。すなわち、逆をとらえれば、有効期間の切れる六月末日の一ヵ月前までに通告すれば、協定は破棄できると駿豆鉄道は考えたわけである。

運輸協定破棄の理由を駿豆鉄道は、「箱根登山鉄道は約束の運行回数を守らず、しばしば運休して本来払うべき通行料を払わない」ためとしていたが、どう見てもこれは、箱根観光船の大型船建造に対する報復措置であろう。

5 遮断機で実力阻止

小田原駅前の戦い

駿豆鉄道の一方的な「乗り入れ運輸協定」破棄通告に対して箱根登山鉄道は、昭和三一(一九五六)年五月二日、「運輸省が認可した公共ダイヤを無視する『乗り入れ運輸協定』の破棄は無効である」として、横浜地方裁判所小田原支部に訴訟を起こす。

一方、駿豆鉄道も負けてはおれぬと、同年五月三一日、同支部に対して「箱根登山鉄道バスの運行禁止」を求める仮処分を申請、それを受けて箱根登山鉄道は六月二二日、駿豆鉄道の実力行使を想定した「箱根登山鉄道バスの運行妨害排除」を求める仮処分の申請を行い、この問題は法廷合戦へともつれ込んでいった。

じていた。

駿豆鉄道と箱根登山鉄道の両社の関係はこんな具合だから、もちろん、現場でもいろいろと悶着が生じていた。

たとえば、国鉄小田原駅前では、駿豆鉄道、箱根登山鉄道両社のウグイス嬢が駅前の建物の二階からマイクのボリュームを一杯に上げて「箱根行きのお客さんは緑色のバスにお乗りください」「箱根行きのお客さんは黄色のバスにお乗りください」と、お互いに言い合う（当時、駿豆鉄道は緑色のバス、箱根登山鉄道は黄土色のバスであった）。両者ともにあまりにも声が大きいので、双方が、何を案内しているのかさっぱりわからなくなる。小田原駅長が何度となく注意しても、改まることは決してなかった。こうした具合だから、これは観光客誘致が目的というよりは、相手方の営業活動の妨害そのものが目的だったといえよう。

この両社のバスが小田原駅前を同時に発車しようものなら、また、一悶着起こった。今度は、途中で抜きつ抜かれつといった運転を、お互いが披露するのである。当時の箱根の道路は、狭い上に急カーブも多かったのだから、乗客はたまらない。さぞかし肝を冷やしたであろう。

箱根登山鉄道バスUターン事件

現場での悶着の最たる見せ場は、やはり次の一件であろう。

件の早雲山線への「乗り入れ運輸協定」期限切れの翌日、昭和三一（一九五六）年七月一日だが、この日も箱根登山鉄道は従来通りのバス運行を予定していた。だが、しかし、駿豆鉄道は自動車専用道路の入口に遮断機を設け、実力阻止に出たのであった。そこへさしかかった箱根登山鉄道バスの運転士と、居合わせた駿豆鉄道の社員は押し問答となったが、数で勝る駿豆鉄道を前にして遮断機を押しのけることもできないので、やむなく箱根登山鉄道バスはUターンして今来た道を引き返していったとか。何も知らない乗客は、さぞやびっくりしたに違いない。

それにしても、駿豆鉄道は過激な策に出たものである。箱根観光船の大型遊覧船「あしがら丸」建造が認められたことでもあるし、このままにしておけば早雲山線にもやがて、箱根登山鉄道バスの定期路線免許がおりてしまうのではないかと、焦ったのだろうか。

駿豆鉄道が早雲山線の小湧谷と早雲山に遮断機まで設けて、箱根登山鉄道バスの運行を実力で阻止した日の五日後、七月六日、両社の仮処分申請（駿豆鉄道の「箱根登山鉄道バスの運行禁止」を求める仮処分申請、箱根登山鉄道の「箱根登山鉄道バスの運行妨害排除」を求める仮処分申請）に対し、横浜地方裁判所小田原支部は駿豆鉄道側に軍配をあげ、「七月以降、箱根登山鉄道は小湧谷〜早雲山〜湖尻間（早雲山線）への乗り入れ運転をしてはならない」と決定した。決め手はやはり「乗り入れ運輸協定」第十条の有効期間であった。

むろん、この決定を箱根登山鉄道が納得するわけはなく、同社は東京高等裁判所に即時抗告する。同高裁は「十条の有効期間の解釈に疑義があるので、さらに検討を加えるように」と、原決定を破棄、本件を横浜地方裁判所小田原支部に差し戻すのであった。

6 不発に終わる運輸省の調停

西武グループによる小田急株買い占め

こうして両社が法廷闘争で揉めに揉めている最中、裁判の結果が待ちきれなかったのか、それとも運輸省に対する不信からなのか、堤康次郎が西武鉄道グループの財力、政治力にものをいわせて小田急電鉄株の買い集めに乗りだし、それを一二七万株も取得したから小田急勢もたまらない。

窮地に立たされた小田急電鉄は、大衆の便益のためという理念と社員の団結を武器に、この西武グループの猛威と戦う以外に手は無かった。東急から独立まもない新生小田急にとっては、最初にして、かつ最大の試練であったろう。

ただ世論は、西武・駿豆側を擁護する意見が強かったのも確かである。「要するにあれは強盗。人のもの（道路）をとろうとするのだから」「箱根登山は小田急の系統だから、あちらがこちらの道路を乗っ取ろうとするならば、こちらはあちらの会社全部を乗っ取るまで」とは当時の堤康次郎の弁である。

昭和三二（一九五七）年六月、箱根での戦には絶対に負けられないという意思表示なのか、駿豆鉄道は伊豆箱根鉄道と名を改める。そして、その直後の昭和三二年七月六日、抗争の激化を見るに見かねた運輸大臣の宮沢胤男が、ついに西武・小田急両陣営の和解に向けた調停へと乗り出すのであった。

調停案は、箱根登山鉄道バスの早雲山線への「乗り入れ運輸協定」を復活し、一年間に限って運行させ、その間に紛争を責任をもって解決させるとともに、一切の訴訟を双方取り下げる。さらに、西武鉄道側は買い集めた小田急電鉄株を小田急側に引き渡す、というのが大筋である。

しかし、四日後に内閣改造によって宮沢が運輸大臣を退任したため、右の調停案のうち実現したのは、小田急株の引き渡しのみであった。

結果、裁判はそのまま続いて、昭和三四年四月、早雲山線への箱根登山鉄道バス乗り入れ問題は、原決定通り伊豆箱根鉄道側の主張が認められ、箱根登山鉄道が敗訴する。よって、早雲山線への箱根登山鉄道バス乗り入れは出来ないこととなってしまった（箱根登山鉄道は控訴するも、昭和三六年三月棄却となる）。

運輸大臣、調停に乗り出す

これとは別の動きとして、運輸省は昭和三三年七月、伊豆箱根鉄道の自動車専用道路のような特殊な一般自動車道について、特定の会社のみに免許を与える限定免許が可能なのかどうか、法制局の見解を求める。翌昭和三四年九月、法制局はこれについて「合理的理由、たとえば一般自動車道の建設又は維持管理について、旅客自動車運送事業を営む者の寄与が顕著である場合は、限定免許ができる」との見解を示すのであった。

事はすべて伊豆箱根鉄道側に有利に動いているようで、右の法制局の見解を受けて同社は自社が運営する自動車専用道路、早雲山線、十国線、駒ヶ岳線（芦ノ湯〜蛸川間）の三路線について、定期バスは伊豆箱根鉄道に限るとする限定免許を運輸大臣と建設大臣に申請した。

一方の箱根登山鉄道は、法制局の見解は前段で「自動車道事業は公共の福祉を実現するために必要な事業であるから、平等取り扱いの原則に立脚する事を要する」としているだけに、「法制局の見解には重大な誤りがある」と主張、前東京大学法学部教授兼子一博士の鑑定書を添えた上申書を運輸大臣と建設大臣に提出するなどして、「限定免許は不当」とする陳情を繰り返し行い抵抗する。

結局、伊豆箱根鉄道の求める限定免許は、駒ヶ岳線のみにとどまり、早雲山線と十国線については、それが交付されなかった。当然、伊豆箱根鉄道も両線の限定免許促進の陳情を行い争うことになった。

昭和三五年に入ると、時の運輸大臣楢橋渡《ならはしわたる》がついに調停に乗り出す。楢橋は双方の言い分をじっくり聞いて裁決したいとの考えから、同年七月九日、運輸省に伊豆箱根鉄道と箱根登山鉄道の代表者二三人ずつを呼び聴聞会を開催した。

当日は、両社が八時間にわたって自説を主張したのだが、この日には決着が着かず、七月一四日に二回目の聴聞会を開くこととして散会する。けれども、直後に内閣総辞職があって楢橋も運輸大臣を退任したことから、二回目の公聴会は開かれなかった。今回も運輸大臣の調停は、不発に終わったという次第。

7 抗争の終結

箱根ロープウェイの完成

以上、数々の抗争の根本的原因は、小田急グループがケーブルカーの終点早雲山から、箱根観光船の発着場である芦ノ湖北岸の湖尻桃源台までの間、自前の足を持っていないことにあるだろう。そのため、この間をつなぐ西武グループ伊豆箱根鉄道の自動車専用道「早雲山線」に執着してしまい、もろもろ諍《いさか》いが起こるわけだ。

そこで小田急電鉄は、「陸が駄目なら空がある」とばかりに、早雲山線経由のバスに代わる早雲山～大涌谷～桃源台（湖尻桃源台）間のロープウェイ建設を計画する。ただ、ロープウェイの経路には、途中、早雲山線の上空を横断しなければならない箇所が三地点ほどあった。そのことについて小田急は、昭和三四（一九五九）年三月、伊豆箱根鉄道に対し自動車専用道路横断の同意を求めている。むろん、伊豆箱根鉄道の社内では、長年の敵でもあり、反対意見が多かったのだが、堤康次郎会長の裁断により、無料でロープウェイの専用道上空通過が認められた。さすがは堤康次郎、いざとなれば懐が大きい。

昭和三四年四月、小田急は箱根ロープウェイ株式会社を設立、工事は急ピッチで進められ、同年一二月六日、まずは早雲山～大涌谷間が部分開通、続いて翌昭和三五年九月七日、残りの大涌谷～桃源台間も無事開通した。

これで小田急電鉄は、晴れて自社とグループ企業の交通機関のみで東京から芦ノ湖北岸湖尻桃源台までの輸送を可能としたわけである。もう伊豆箱根鉄道の自動車専用道路「早雲山線」に頼る必要もなくなったわけで、このロープウェイ完成を機に「箱根山戦争」は急速に解決へと向かっていくのであった。

湖畔線、早雲山線の買収

もうひとつ、「箱根山戦争」を終結に向かわせた要因には、伊豆箱根鉄道の自動車専用道路「湖畔線」「早雲山線」の神奈川県による買収がある。

昭和三五（一九六〇）年三月、神奈川県議会建設常任委員会は、限定免許には反対であるとする意見書を運輸省に申達すること、廃道同然の湖畔県道を早急に補修すること、伊豆箱根鉄道所有の自動車専用道路買収を促進すること、などを決議して内山岩太郎知事に善処を迫った。

湖畔県道は「湖畔線」に並行する道路であるが、道幅が狭いうえに、そこにバスが通れないよう伊豆箱根鉄道は自社の敷地いっぱいに石垣を築いてしまった。これが県議会の反堤の感情を強く刺激し、先の決議にもつながったといえる。

で、なぜ湖畔県道の改修が必要なのかと言えば、団体の観光客が観光バスで芦ノ湖を訪れると、遊覧船に乗船するため、湖尻と元箱根の間を観光バスは回送することになる。すなわち、この区間が有料か無料なのかは大きな問題で、できれば湖畔県道を改修して無料で回送させようと考えたのだろう。

しかるに、この湖畔県道、拡幅しようにも周りの土地は伊豆箱根鉄道が占めているので、バスを通すための改修は困難な状況にあった。追い詰められた内山知事は、「半年以内に湖畔線を買収する」と答弁する。

こういった話が公の場に飛び出してくると、「一日も早く買収を……」と元箱根の住民から意見が出る一方で、強羅地区の住民からは「湖畔線に優先して早雲山線を買収してほしい」との意見も出、双方が大挙して県庁に陳情に現れるなど、自動車専用道路買収を望む地域の声は一気に高まりをみせるのであった。

これを受け内山知事は、昭和三五年一二月の県議会に、三億八九〇〇万円の湖畔線買収予算を計上。議会側は「赤字の湖畔線をそんな高価で買う必要はない」と買収を渋る。だが、箱根町から「湖畔線と早雲山線の両方とも買収して欲しい」という強い要望が出され、議会側は一転、内山知事に二つの自動車専用道路の買収を求めるようになる。

知事はやむなく早雲山線もいずれ買収することを約束して、ひとまず昭和三六年四月一日に湖畔線を買収、翌二日に無料の県道として一般に開放した。

さて、湖畔線の買収の次はいよいよ早雲山線であるが、同線は伊豆箱根鉄道のドル箱的事業であって、ハードルはそれなりに高かった。実際、伊豆箱根鉄道の社員総会では二人を除いた全員が反対、株主総会でも全員が反対、そして西武鉄道の最高幹部会でも全員が強く反対したという。

しかし、堤康次郎は内山知事を高く評価しており、「反対すれば県が強制収容をするか、内山知事が辞職するしかない。内山氏は人格の点においても、手腕の点においても、最適任の知事であり、総理大臣としても立派にやっていける人である。これを失う事は何ものにも代え難い。ここは内山知事の理想に従うべきものと思う」と話し、反対派を説得、会長一任で神奈川県からの早雲山線買収の申し出を受諾した。

結果、早雲山線は神奈川県が五億八一〇〇万円で買収、昭和三六年一〇月一〇日に県道として開放されるのであった。

小田急グループとしては箱根ロープウェイが開通し、西武グループとしては自動車専用道路「早雲山線」を手放してしまった以上、両者がいがみ合う火種はもうほとんど無くなってしまったわけである。「箱根山戦争」は、ほぼ終わったとみていいだろう。

昭和三六年の九月二七日には、小田急と箱根登山鉄道から関連訴訟の終結による平和回復の声明も出されている。

争いが事実上の終結をみた後、当時の小田急電鉄社長安藤楢六（五島慶太の門下生と目される人物）が堤宅を訪ねたところ、康次郎は安藤の手を取って親しむように「もう、喧嘩はよそうや」と言ったらしい。昨日の敵は今日の友なのだろうか。

すべての訴訟案件が片付いた後の昭和四三年一二月二日、東京プリンスホテルにて伊豆箱根鉄道の堤義昭社長、小田急電鉄の安藤楢六社長、箱根登山鉄道の柴田吟三社長、東海自動車の鈴木幸夫社長が一堂に会し、箱根のバス路線相互乗り入れについて、今後友好的に協力し合うことを確認、協定書に調印した。箱根における西武グループ・小田急グループの紛争が最終的に妥結したのは、この時点とされている。

ただ、以降も箱根では、小田急系と西武系が競い合い、激しい競争のなかでそれぞれが独自に周遊ルートをつくっていった。要するに、お互いが独立独歩で観光開発を行っていったのである。

ところが平成一五（二〇〇三）年に、なんと両者が提携し協力しながら箱根の観光開発を行うと宣言した。時代は変わったものである。マスコミはこぞって「歴史的和解」と報じた。

❖参考文献

『日本国有鉄道百年史』日本国有鉄道（日本国有鉄道）
『日本鉄道史』鉄道省（鉄道省）
『鉄道百年略史』鉄道百年略史編さん委員会編（電気車研究会　鉄道図書刊行会）
『日本の鉄道――成立と展開』野田正穂　原田勝正　青木栄一　老川慶喜編著（日本経済評論社）
『日本史小百科　近代〈鉄道〉』老川慶喜（東京堂出版）
『人物と事件でつづる私鉄百年史』和久田康雄（鉄道図書刊行会）
『私鉄史ハンドブック』和久田康雄（電気車研究会）
『日本の鉄道をつくった人たち』小池滋　青木栄一　和久田康雄編（悠書館）
『日本の鉄道ことはじめ』沢和哉（築地書館）
『日本の鉄道　１２０年の話』沢和哉（築地書館）
『鉄道の地理学』青木栄一（ＷＡＶＥ出版）
『日本の鉄道 創世記』中西隆紀（河出書房新社）
『停車場変遷大辞典 国鉄　ＪＲ編』石野哲編集（ＪＴＢ）
『鉄道運輸年表〈最新版〉』大久保邦彦　三宅俊彦　曽田英夫編（ＪＴＢ）
『時刻表でたどる鉄道史』宮脇俊三編著、原口隆行企画　執筆（ＪＴＢ）
『復刻版明治大正時刻表』（新人物往来社）
『駅名事典 第６版』中央書院編集部（中央書院）
『輸送奉仕の五十年』阪神電気鉄道（阪神電気鉄道）
『阪神電気鉄道八十年史』阪神電気鉄道（阪神電気鉄道）

『阪神電気鉄道百年史』阪神電気鉄道（阪神電気鉄道）
『阪神急行電鐵二十五年史』阪神急行電鉄（阪神急行電鉄）
『京阪神急行電鉄五十年史』京阪神急行電鉄（京阪神急行電鉄）
『75年のあゆみ〈記述編〉』阪急電鉄（阪急電鉄）
『100年のあゆみ 通史』阪急阪神ホールディングス（阪急阪神ホールディングス）
『カラーブックス559　日本の私鉄（12）阪神』廣井恂一　井上広和（保育社）
『阪急電車 青春物語』橋本雅夫（草思社）
『小林一三「逸翁自叙伝」』小林一三（日本図書センター）
『わが小林一三』阪田寛夫（河出文庫）
『明日を創った企業家の言葉』中江克己（太陽企画出版）
『関西の私鉄』朝日新聞大阪本社社会部編（清文堂出版）
『時刻表復刻版〈戦前　戦中編〉』（JTB）
『コンサイス日本地名事典〈第3版〉』谷岡武雄　山口恵一郎監修、三省堂編修所編（三省堂）
『東京地下鉄道史 乾　坤』東京地下鉄道（東京地下鉄道）
『東京急行電鉄五〇年史』東京急行電鉄（東京急行電鉄）
『五島慶太伝』三鬼陽之助（東洋書館）
『七十年の人生』五島慶太（要書房）
『[図説]私鉄全史』学習研究社編（学習研究社）
『地下鉄は誰のものか』猪瀬直樹（筑摩書房）
『私鉄史探訪60年』和久田康雄（JTB）
『東急　五島慶太の生涯』北原遼三郎（現代書館）

『地下鉄物語』種村直樹（日本交通公社）
『東急　五島慶太の経営戦略』坂西哲（文芸社）
『箱根山の近代交通』加藤利之（神奈川新聞社）
『伊豆箱根鉄道七〇年の歩み』伊豆箱根鉄道（伊豆箱根鉄道）
『箱根登山鉄道のあゆみ』箱根登山鉄道（箱根登山鉄道）
『箱根観光船二五年』箱根観光船（箱根観光船）
『箱根の空に架ける――箱根ロープウェイ二五年史』（箱根ロープウェイ）
『苦闘三十年』堤康次郎（三康文化研究所）
『西武王国その炎と影』中嶋忠三郎（サンデー社）
月刊『鉄道ピクトリアル』各号（鉄道図書刊行会）

著者紹介

所澤秀樹（しょざわ・ひでき）

交通史・文化研究家、旅行作家。

1960年東京都生まれ。日本工業大学卒業。神戸市在住。

著書に『「快速」と「準急」はどっちが速い？ 鉄道のオキテはややこしい』『鉄道フリーきっぷ 達人の旅ワザ』『鉄道旅行 週末だけでこんなに行ける！』『鉄道会社はややこしい』（第38回交通図書賞受賞）『日本の鉄道 乗り換え・乗り継ぎの達人』（以上、光文社新書）、『青春18きっぷで愉しむ ぶらり鈍行の旅』『駅名おもしろ話』『鉄道地図は謎だらけ』（以上、光文社知恵の森文庫）、『時刻表タイムトラベル』（ちくま新書）、『鉄道地図 残念な歴史』（ちくま文庫）、『鉄道の基礎知識』『国鉄の基礎知識』（以上、創元社）、『鉄道手帳 各年版』（責任編集、創元社）など多数。

鉄道史《てつどうし》の仁義《じんぎ》なき闘《たたか》い
鉄道会社《てつどうがいしゃ》ガチンコ勝負列伝《しょうぶれつでん》

2016年3月20日　第1版第1刷　発行

著者　所澤秀樹
発行者　矢部敬一
発行所　株式会社 創元社
http://www.sogensha.co.jp/
本社 〒541-0047 大阪市中央区淡路町4-3-6
Tel.06-6231-9010 Fax.06-6233-3111
東京支店 〒162-0825 東京都新宿区神楽坂4-3 煉瓦塔ビル
Tel.03-3269-1051
印刷所　株式会社 太洋社

ISBN 978-4-422-24072-5 C0065